W0274300

Vergessene Inseln im Eis

Helfried Weyer

Peter von Sassen

Vergessene Inseln im Eis

Eine Expedition ins Kaiser-Franz-Joseph-Land

nicolai

Frontispiz S. 3: Mitternachtssonne im Polarnebel.
Panorama S. 8/9: Gletschereis bedeckt einen Großteil der Inselgruppe.
Panorama S. 10/11: Mitternacht in der Arktis.
Panorama S. 12/13: Fahrrinne zwischen den Inseln.
Panorama S. 146/147: Licht- und Schattenspiele in der Landschaft aus Schnee und Eis.

Die historischen Illustrationen auf den Seiten 126 bis 144 sind dem Band von Julius Payer: *Die österreichisch-ungarische Nordpol-Expedition in den Jahren 1872–1874, Wien 1876* entnommen.

Unter www.nicolai-verlag.de können Sie unseren Newsletter abonnieren, der Sie über das Programm und aktuelle Neuerscheinungen des Nicolai Verlags informiert.

Fotos: Helfried Weyer (S. 122 u. 123: Peter von Sassen)
Lektorat: Diethelm Kaiser, Berlin
Gestaltung: Jonas Maron, Berlin
Karte: Gitta Pieper-Meyer, Berlin
Satz und Repro: Mega-Satz-Service, Berlin
Druck und Bindung: Rasch, Bramsche

ISBN 10 3-89479-302-3
ISBN 13 978-3-89479-302-9

Inhalt

Vorwort

... mehr als 200 Inseln, 16 000 Quadratkilometer Land unter dem Eis, tausend und mehr Eisbären, hunderte von Walrossen, Millionen arktische Seevögel – und nur etwa 30 Menschen! So ist das wunderbare, nach Franz Joseph, dem letzten Kaiser der k.u.k. Donaumonarchie benannte Land am Nordpol: abgeschieden, einsam, nahezu unbekannt.

Seit seiner zufälligen Entdeckung im Jahr 1873 haben nur wenige Menschen diesen nördlichsten Archipel der Welt in der russischen Arktis besucht. Aber das lag nicht nur an seiner Lage weit hinter dem Horizont, sondern auch an den Spielregeln der Sowjetunion, an den vielen und strengen Beschränkungen im Gott sei Dank vergangenen System. Die wenigen Besucher – Wissenschaftler und Militärs – brauchten über einen langen Zeitraum spezielle Genehmigungen für Reisen zu diesem Archipel.

Heute ist das anders, und gerade deshalb ist jede Information über das Kaiser-Franz-Joseph-Land so wertvoll, vor allem für jene Menschen, die diesem Königreich aus Eis und Schnee, diesem Wunderland in den Farben Weiß und Blau nicht unberührt gegenüberstehen. Anders formuliert: »Es ist immer besser, das Land einmal gesehen als hundertmal von ihm gehört zu haben!«

Dieses wunderschöne Buch von Helfried Weyer, einem der führenden europäischen Naturfotografen, eröffnet nun jedem Menschen die einzigartige Möglichkeit, das Kaiser-Franz-Joseph-Land zumindest virtuell – in diesem Fall optisch – zu besuchen. Und genau das ist wichtig, denn nicht alle Leser können gleich dorthin reisen.

Als Fotograf ist Helfried, der mit seiner schweren Kameraausrüstung (ich habe sie vor Ort getragen) mit der Rolleiflex und einer Linhof-Großbildkamera in allen Polargebieten der Arktis und Antarktis unterwegs ist, ein absoluter Profi. Was für Bilder! Und was für eine handwerkliche Qualität!

Ich traf Helfried im Jahr 2003, als wir beide gemeinsam an der ersten kommerziellen Kreuzfahrt zum Kaiser-Franz-Joseph-Land an Bord des bärenstarken russischen Eisbrechers *Kapitan Dranitsyn* (24 000 PS) teilnahmen; veranstaltet wurde diese Expedition durch die russische Agentur *Poseidon Arctic Voyages*. Ein bisschen sah er aus wie Hemingway, mit silbergrauem Bart, immer energiegeladen und enthusiastisch. So machte Helfried tausende von Bildern auf »unserem Archipel« und überall dort, wo wir mit dem Schlauchboot oder dem Hubschrauber landen konnten.

Auf der zweiten Reise – Helfried war auch wieder dabei – begleitete uns dann Peter von Sassen mit einem Filmteam des NDR. Peter hat sich gleich in das Kaiser-Franz-Joseph-Land und genauso in unseren Eisbrecher verliebt. So entstand der erste Fernsehfilm über die geheimnisvollen Inseln im Eis. Aber Peter von Sassen ist nicht nur ein großartiger Moderator und Regisseur, sondern auch ein leidenschaftlicher Erzähler und Geschichtenschreiber. In diesem Buch hat Peter die Entdeckungsgeschichte des Kaiser-Franz-Joseph-Landes dargestellt und ebenso über das Reisen heute erzählt, leidenschaftlich und fundiert. Stundenlang stand Peter oben auf der Brücke und hat geschaut, geschaut, geschaut.

Im Jahr 2004 trafen wir uns wieder im Kaiser-Franz-Joseph-Land. Helfried kam zurück und auch Peter. Ich freue mich, dass zwei Profis, die beide Freunde von mir sind, dieses schöne Buch zusammen gestaltet haben.

Ohne Zweifel enthält dieses neue Buch die schönsten Bilder der ersten beiden Besuchsjahre, und ich bin sicher, dass alle Leser nichts als reine Freude haben werden, wenn sie Seite für Seite die grandiose Schönheit dieser »vergessenen Inseln« für sich entdecken können und dazu über die zufällige und doch so dramatische Entdeckung des Kaiser-Franz-Joseph-Landes und über die Möglichkeiten heutiger Reisen in dieses abgelegene Gebiet lesen werden.

Ich bin vor wenigen Tagen von einer Expedition zurückgekehrt, auf der wir den Archipel auf Skiern durchquert haben – in den Fußstapfen des Entdeckers Julius Payer –, und nun warte ich ungeduldig auf den Tag, an dem ich das erste gedruckte Exemplar dieses Buches in Händen halten werde.

Ich danke meinen Freunden Peter und Helfried und auch Helfrieds Frau Renate für diese wundervolle Arbeit, die vielen neugierigen Menschen die raue Schönheit arktischer Landschaften mit all ihren so erstaunlichen Lichtfacetten näher bringt.

Victor Boyarsky
Direktor des *Russian State Museum of Arctic and Antarctic*

St. Petersburg, im Frühjahr 2006

Reise zum nördlichsten Archipel der Welt

An Bord des Eisbrechers

09. August

»Sind Sie schon einmal auf einem Eisbrecher gefahren?«, fragt mich Victor Boyarsky. Ich blicke mich um, vor mir liegt der mächtige Leib der *Kapitan Dranitsyn*. Ein Eisbrecher, groß wie ein Hochhaus, schwarzer Rumpf mit elfenbeinfarbenen Aufbauten, über 40 Meter hoch. Auf dem Achterdeck sind zwei gedrungene Hubschrauber zu erkennen, am Schornstein prangt ein riesiger Eisbär als Signet – ein richtiges Expeditionsschiff.

Victor Boyarsky schaut mich an; er ist der Expeditionsleiter unserer Reise zum nördlichsten Archipel der Welt. Ich verkneife mir Hinweise auf unsere Touren nach Grönland oder Spitzbergen. Victor ist ein ganz anderes Kaliber: Er hat – vermutlich als einziger Mensch auf der Welt – etwa 50 Expeditionen zum Nordpol durchgeführt und war offizieller russischer Teilnehmer bei der längsten Hundeschlittentour durch die Antarktis 1989/90, der internationalen »Transantarctica«, bei der in sieben Monaten eine Strecke von 6500 Kilometern zurückgelegt wurde. Ein Abenteurer wie aus dem Bilderbuch, mit dichtem Bart und wachen Augen – seine Herzlichkeit und seinen wunderbaren russischen Humor sollten wir später noch kennen lernen.

»Nein«, antworte ich also möglichst bescheiden auf seine Frage.

Er lächelt. »Dobro požalovat' – dann ganz besonders willkommen an Bord«, sagt er und zeigt, was russische Gastfreundschaft ist.

»Poseidon Arctic Expedition Team« steht in knallroten Lettern auf der Gangway, über die jetzt kräftige Matrosen große Mengen von Gepäckstücken auf das Schiff tragen. Jumbo-Reisetaschen, gewichtige Alukisten und pralle Rucksäcke – Reisegepäck, das schon ganz anders aussieht als bei Kreuzfahrtpassagieren. Allerdings wird man auch unser Reiseziel in den bunten Prospekten bekannter Luxusliner vergeblich suchen: Kaiser-Franz-Joseph-Land, noch nordöstlich von Spitzbergen gelegen, gehört zu den fast unbekannten Regionen unserer Welt. Der erst 1873 entdeckte Archipel umfasst 200 größere und noch mehr kleinere Inseln.

Wir, ein vierköpfiges Filmteam des NDR-NordseeReport, gehen an Bord und beziehen jeweils eine der fünfzig Kabinen, die für die kommenden zwölf Tage unsere Heimat sein werden. Es sind die gleichen Unterkünfte wie für die Mannschaft, die Expeditionsleitung und Schiffsführung – Extrakabinen für Touristen gibt es an Bord eines Eisbrechers nicht.

Ich schaue mich um in meinem kleinen Reich. Als erstes fällt die Sauberkeit auf, dann die Zweckmäßigkeit. Stabile Materialien, Kunststoff an den Wänden, ein Schreibtisch aus Stahlblech und ein Schrank aus demselben Material, der großen Stauraum bietet und praktische Drahtkörbe besitzt, die man wie Schubladen herausziehen kann. Wer jemals in der Arktis war, wird dafür dankbar sein, denn die Mengen an Thermounterwäsche, Fleecepullovern, Handschuhen und Gesichtsmasken sprengen das Fassungsvermögen jedes normalen Kleiderschranks.

Ich sitze auf dem drehbaren kleinen Sessel Probe, der vor dem Schreibtisch fest im Boden verankert ist: ein Hinweis auf die Stürme, die unser Eisbrecher bereits abgewettert hat. Der schnell verkabelte Laptop und die beiden kleinen Aktiv-Lautsprecher sind der erste persönliche Touch, den ich der Kabine Nr. 512 verpasse. Über die transportablen Boxen soll während der

Ein schmaler Kanal im aufbrechenden Eis vor dem Bug der *Kapitan Dranitsyn*.

Reise bei passender Gelegenheit meine Lieblingsmusik laufen. Die Kabine wird ergänzt durch ein gemütliches Sofa, das quer vor dem runden Fenster steht, und durch eine bequeme Koje mit einem Vorhang rundherum, der auch während der Mitternachtssonne ein gewisses Maß an Dunkelheit ermöglicht.

Krächzend erwacht an der Wand ein Lautsprecher zum Leben: Expeditionsleiter Victor Boyarsky meldet sich im harten Englisch der Russen und begrüßt die Passagiere mit umso wärmeren Worten. Und dann klopft es an der halb geöffneten Tür. Schnell gewöhnt man sich an diesen weltweit gepflegten Brauch der Seeleute, die Tür immer einen kleinen Spalt – durch einen Metallhaken gehalten – offen stehen zu lassen. Auf See heißt das: Man ist »auf Kammer«, darf aber gern gestört werden.

In eine bunte Kittelschürze gehüllt, steht Olga in der Kabine und stellt sich als meine Stewardess vor. In ihren Händen hält sie eine kleine geschnitzte Holzfigur, einen Bären mit einer Gitarre, der auf seinem Brett wie auf einer winzigen Bühne steht. Die rechte Tatze kann mit einem Fadenmechanismus in Bewegung versetzt werden. Es ist ein Gastgeschenk für mich, damit ich mich wohl fühle an Bord. Ich bin gerührt und schaue die Figur an. Ein Eis-Bär, denke ich – und erinnere mich, gelesen zu haben, dass das griechische Wort *arktos* »Bär« bedeutet. Ein guter Start für eine Reise in die Hohe Arktis, finde ich.

Das Schiff ist vor dem Ablegen schnell erforscht, zumindest die frei begehbaren Teile. An Bord herrschen Sachlichkeit und Funktionalität, es gibt elf ähnlich wirkende, geräumige Decks mit Winden und Scheinwerfern, aber ohne die sonst üblichen Deckchairs und Sky-Bars. Unser Eisbrecher hat alles von einem Forschungsschiff – die Küche ist allerdings besser als bei vergleichbaren offiziellen Missionen. Auf dem Achterdeck stehen angeflanscht die beiden ME2-Hubschrauber und vorn am Bug unterhalb von zwei kräftigen Lastkränen fünf stabile Zodiacs, verstärkte Mehrkammerschlauchboote, die gut zwölf Personen Platz bieten. So ausgerüstet, dürften wir bei fast jeder Witterung anlanden können und haben damit die Garantie, möglichst viel vom Kaiser-Franz-Joseph-Land zu sehen zu bekommen

Noch oberhalb der Kommandobrücke, viele Meter über der Wasserlinie, befindet sich eine Aussichtsplattform, die wie geschaffen ist als »Ansitz« für weite Blicke über das Eismeer und für Panorama-Fotos. Diese Plattform sollte sich schnell als Lieblingsplatz für die meisten von uns herausstellen.

Gedränge gibt es eigentlich nie an Bord der *Kapitan Dranitsyn:* Wir sind mit gut 50 Passagieren nur halb ausgebucht, und auf dem 132 Meter langen Eisbrecher verläuft sich das schnell.

Ein Dröhnen geht durch das Schiff. Auf dem Vordeck wird die 300 Meter lange Ankerkette polternd eingeholt und dabei von einem Matrosen mit einem Hochdruckwasserschlauch sorgfältig von Schlamm und Algen gereinigt. Die mächtigen Maschinen der *Dranitsyn* erwachen stampfend zum Leben – wir sind unterwegs, unterwegs zum Kaiser-Franz-Joseph-Land, dem nördlichsten Archipel der Welt!

Im Eis

10.–11. August Von Kirkenes im äußersten Norden Norwegens bewegt sich unser bewehrter Bug nordnordostwärts, sechzehn Grad an der Kompassrose. Der Kapitän hat den Kurs direkt auf die westlichste Insel des Archipels, die Alexander-Insel, ausgerichtet. Dort muss das Schiff zwei russische Grenzbeamte an Bord nehmen, die während der Reise ein wenig auf uns aufpassen – wahrscheinlich, damit wir keine Insel klauen, machen wir uns lustig. Die Ausführung dieser hoheitlichen Aufgabe ist eher eine symbolische, dem nationalen Stolz geschuldete Geste der Russen, die die Inselgruppe seit 1928 in ihrem Besitz halten. Man darf nicht vergessen, dass das Kaiser-Franz-Joseph-Land über 60 Jahre lang absolutes Sperrgebiet war mit einer großen militärischen Bedeutung. Schließlich liegt der Archipel wie ein eisbewehrter Flugzeugträger fast uneinnehmbar an strategisch wichtiger Position. Von dort aus konnten die Sowjets praktisch die gesamte Arktis kontrollieren – und das taten sie auch, wie wir später erfuhren.

Für die Passagiere und uns ist die mehrtägige langsame Annäherung an das rund 800 Seemeilen entfernte fremde Stück Erde angenehm. Dabei durchpflügt unser Schiff die Barents-See mit 16 Knoten, das sind immerhin fast 30 Kilometer pro Stunde.

Diejenigen von uns, die sich mit der Entdeckungsgeschichte des Kaiser-Franz-Joseph-Landes beschäftigt haben, denken wohl daran, wie mühselig und langsam vor mehr als 130 Jahren die österreichischen Polarpioniere mit ihrem kleinen Dampfsegler, der *Admiral Tegetthoff,* auf der Suche nach der Nordostpassage in diesem Seegebiet vorankamen. Unser Eisbrecher verfügt über die unvorstellbare Kraft von rund 24 000 PS, die schmächtige Hilfsmaschine der *Tegetthoff* hatte gerade mal 100 PS. Gegen unseren Stahlkoloss würde der damals hochmoderne Dreimaster wie eine Nussschale wirken. Und von ihrem Startpunkt in Tromsø aus benötigten unsere historischen Vorbilder fünfzehn Tage, um zu einer vergleichbaren Position zu gelangen, die die *Kapitan Dranitsyn* in lediglich 30 Stunden erreichte. Tromsø, die norwegische Stadt etwas südlich des Nordkaps, galt übrigens schon immer als das »Tor zur Arktis«, viele Forschungsreisen der vergangenen zwei Jahrhunderte in diese Region nahmen dort ihren Ausgang.

Solche kurzen Abstecher zur Entdeckungsgeschichte des Kaiser-Franz-Joseph-Landes gehören zu den üblichen Gedankenspielen an Bord. Wir alle fühlen uns ein wenig als Entdecker, und das nicht ganz unberechtigt, denn nach der vorsichtigen Öffnung der von den Sowjets verborgen gehaltenen Inseln in der 90er Jahren hatten bisher nur wenige Menschen das Privileg, diesen geheimnisvollen Archipel zu betreten. Auch jetzt sind es nicht mehr als 250 pro Jahr. Und bis heute ist die letzte größere Landmasse unseres Planeten, die entdeckt wurde, den meisten auch weit Gereisten unbekannt.

Bei den Passagieren jedenfalls ist der Stolz spürbar, auf dieser Fahrt dabei zu sein; und in den zahlreichen intensiven Gesprächen bereits am Anfang der Reise wird mir klar, mit welch tiefen Gefühlen Menschen die Arktis erleben. Da ist die Lehrerin aus der Schweiz, die »hier oben auf dem Dach der Erde« einen neuen Respekt für die Natur und Schöpfung empfindet. Eine junge Frau aus Norddeutschland sucht das Kontrastprogramm zum normalen Leben, sie möchte Kälte und Wind spüren und den Elementen nah sein. Und der Mittsechziger aus Berlin ist fasziniert vom Eis. Er wäre sogar enttäuscht, erzählt er, wenn wir nicht mitten hinein kommen würden. »Das muss brechen und knallen«, sagt er mit vor Glück strahlenden Augen.

12. August

Am nächsten Morgen ist es dann tatsächlich so weit. Wir bekommen einen ersten handfesten Eindruck von der Macht der Arktis. Das Thermometer zeigt an diesem Tag zum ersten Mal null Grad. Der Himmel ist strahlend blau, das intensive Licht der Arktis erfüllt die Passagiere hier oben auf dem Aussichtsdeck mit Hochstimmung.

Untypisch für diese Jahreszeit erstreckt sich, wie auch im Sommer 1872 vor der *Tegetthoff*, vor dem hohen Bug der *Dranitsyn* ein weites Eisfeld. Musste damals das Holzschiff sofort mit der Fahrt heruntergehen und sich im Schritttempo durch die schmalen Kanäle zwischen den Schollen zwängen, können wir noch mit ungebremster Fahrt durch diese Vorhut des weißen Reiches brechen. Die zwei bis acht Quadratmeter großen Schollen springen dabei – von unserem scharfen Bug getroffen – wie Porzellansplitter zur Seite. Hohle Klopfgeräusche erfüllen die Luft, so als würde jemand im Ankerkettenkasten mit einem großen Hammer im Takt gegen die Bordwand trommeln.

Alle sind aufgeregt über diese frühe Begegnung mit den Eisarmeen des Nordens. Da auf der *Dranitsyn*, wie bei vielen Expeditionsschiffen, die »Politik der offenen Brücke« herrscht, finden sich einige Passagiere neugierig dort ein. Hier ist die Geräuschkulisse des Eises nur noch gedämpft zu vernehmen. Die summenden Geräusche der Funkgeräte und Radarschirme und das Gemurmel unserer russischen Offiziere übertönen das dumpfe Rumpeln. Wie immer empfinde ich auf der Brücke eines solchen Riesenschiffes eine Mischung aus Ehrfurcht und Geborgenheit. Die Präsenz geballter seefahrerischer Kenntnis ist zu spüren. Sogar einen speziellen Geruch haben diese Kommandobrücken. Die der *Kapitan Dranitsyn* ist 23 Meter breit. Die Vibration der Maschine tief unter uns versetzt eine kleine Alarmglocke neben einem Feuerlöscher an der hinteren Wand in Schwingungen.

Vorne, direkt an der großen Panoramascheibe, steht der hochgewachsene Kapitän Nikolai Saliev. Er blickt konzentriert durch sein Fernglas auf das Eis. Ihn anzusprechen habe ich schon bald aufgegeben. Kapitän Saliev gilt als Einzelgänger, der sein Schiff zwar für solche »Reisen« hergibt, es vermutlich aber eigentlich für unter seiner Würde hält. Seine Mannschaft spricht nur mit höchstem Respekt über ihn. Er war vor diesem Kommando viele Jahre Kapitän auf dem stärksten Eisbrecher der russischen Eismeerflotte, der atomgetriebenen blutroten *Yamal,* und ist inzwischen eine Legende.

Die Zurückhaltung des Kommandanten wird von den anderen Offizieren wettgemacht. Besonders der Chefingenieur Michael Gladin, auch ein alter Fahrensmann, wird nicht müde, uns die Stärken und Besonderheiten seines Schiffes zu erklären. Neben ihm steht unser Expeditionsleiter Victor Boyarsky und strahlt. »Piter«, zieht er mich ins Gespräch, »schau, das Eis ist da!« Er ergreift meine Arme und schüttelt sie begeistert wie Pumpenschwengel.

Chief Gladin ist nicht so erfreut. Er hat vor sich eine bunte Eiskarte liegen, die sein Assistent aus dem Internet heruntergeladen hat. Man kann auf dem Satellitenbild deutlich Spitzbergen, Nowaja Semlja östlich von uns und unser Ziel weit voraus im Norden erkennen. Zwischen allem erstreckt sich ein etwa 450 Kilometer langes und an der ausgedehntesten Stelle 270 Kilometer breites Eisgebiet in Form eines spitz auf uns zulaufenden Dreiecks. Das Bild zeigt die thermischen Unterschiede des Eises an, woraus man recht genau auf die Dicke schließen kann. Die Ränder sind leuchtend gelb dargestellt, es folgt ein lindgrüner Gürtel. Das tiefe Rot in der Mitte der Abbildung zeigt das mächtigste Eis an: Es ist dort gut zwei Meter dick und geschlossen.

Auch wenn die *Kapitan Dranitsyn* so mächtiges Eis durchaus noch erfolgreich bekämpfen kann, beschließen Kapitän und Erster Offizier, es zu umfahren. Die Ausweichstrecke führt zwar vom direkten Kurs ab und ist länger, doch der Weg durch das Eis würde unsere Geschwindigkeit stark herabsetzen – vom erhöhten Brennstoffverbrauch ganz zu schweigen. Diesmal hat das Eis gewonnen, und die Passagiere ziehen sich ein wenig enttäuscht zum Abendessen zurück.

Chefingenieur Gladin winkt mich mit fast verschwörerischer Miene zu sich. Er könne die Reaktion der Gäste an Bord verstehen, aber, gibt er zu bedenken, auch wenn dies eine Abenteuerreise sei, stehe die Vernunft über dem Erlebnishunger. Kein Eismeerkapitän fährt zum Spaß durch ein solches Eisfeld.

Er steckt eine seiner dunklen russischen Zigaretten in Brand und hustet den ersten Rauch aus. »Flexible response, sagen die Amerikaner – wir können das auch!«

13. August Früh um fünf Uhr weckt uns ein Rütteln im Schiff. Die Müdigkeit siegt zunächst über die Neugier; ich ziehe die Decke über den Kopf und versuche wieder einzuschlafen. Das Rütteln kommt zurück, diesmal stärker. Im Glas neben dem Bett bilden sich kleine Ringe auf der Oberfläche des Wassers. Auf dem Schreibtisch beginnen ein Stift und meine Armbanduhr zu leben, die Türen des Kleiderschranks vibrieren – Eis!

Draußen zeigt sich eine veränderte Welt. Das Meer ist verschwunden. Um uns herum, so weit das Auge reicht, ist alles weiß. Nur hinter uns, wo gerade noch der mächtige Leib der *Dranitsyn* durchgepflügt ist, bildet sich, anfangs noch durch die Schiffsschraube unruhig brodelnd, ein dunkler, stiller Kanal. Unsere Fahrtrinne, die wir zuvor gebrochen haben. Große Dreizehenmöwen verfolgen das Schauspiel von oben und stoßen neugierig auf das unverhoffte Jagdgebiet hinab. Offenes Wasser, so genannte Waken, bedeutet auch ein gedeckter Tisch.

Fast alle Passagiere haben sich trotz der frühen Zeit an Deck versammelt. Obwohl es nebelig ist, bleibt der Blick vom großen Aussichtsdeck oberhalb der Brücke am eindruckvollsten.

Was uns umgibt, ist kein unzusammenhängendes Scholleneis mehr, das ohne viel Kraft an die Seite gedrängt werden kann. Das ist richtig dickes, geschlossenes, kompaktes Eis. Die regelmäßig auftretenden, wie offene Wasserflächen wirkenden blauen Zwischenräume, die wie große Flecken auf einer Kuh geformt sind, täuschen nur. Wir sind umgeben von 1,50 Meter dickem Eis, das genau zwischen uns und dem südlichsten Punkt des Kaiser-Franz-Joseph-Landes liegt.

Und diesmal geht die *Dranitsyn* »mitten mang«!

Entweder durchschneidet der plumpe Bug das Eis direkt und fast unmerkbar, oder unser Schiff muss die herausgebrochenen dickeren Schollen einfach nur zur Seite schubsen. Sie weichen fast unwillig, geraten dabei wieder mit ihren »Kollegen« aneinander und verknäulen sich seitlich des Schiffes. Bis zu zwei Meter können solche in sich verkeilten Schollen an der Bordwand emporsteigen, als wollten sie einen letzten Angriff auf das Schiff starten, bevor sie endgültig zermalmt werden und untergehen.

Ist das Eis flächig und übersteigt eine gewisse Dicke, muss es wirklich gebrochen werden. Dann kippen die berstenden Schollenteile parallel zum Schiff um 90 Grad und zeigen nochmals stolz ihre beeindruckende Stärke, bevor sie entweder zur Seite gedrängt oder unter das Schiff gedrückt werden.

Manchmal öffnen sich schmale Kanäle bereits weit vor dem Bug – angestoßen durch den Druck, den das Schiff auf das Eis aussendet. Wie ein vorauseilender »Bruchalarm« laufen dann vom Bug im 45- oder 70-Grad-Winkel Risse voraus, gezackt wie dunkle Blitze, die sich kurz verbreitern und, bei nachlassendem Druck, auch ebenso rasch wieder schließen.

Wenn das Eis noch dicker wird, breitet sich eine starke Vibration von vorne durch das gesamte Schiff aus. Der Blick von der Brücke auf das Vorschiff zeigt, wie sich das Vibrieren zu einem Zittern und schließlich zu einem Schütteln verstärkt. Das ganze Schiff scheint dann zu beben, und man hat die Vorstellung, ein Erdstoß erschüttere den Eisbrecher. Eine Kakofonie von Geräuschen durchströmt das Innere. Die Gänge und Kabinen dröhnen, und im Restaurant werden aus Tellern, Gläsern und Bestecken losgelassene, unheimliche Musikinstrumente.

Mitunter hebt sich das Schiff wie über einen Hügel und rutscht dann polternd in die nächste, dann vielleicht wieder etwas dünnere Eisschicht – bis dieser Vorgang von neuem beginnt. Nur dazwischen liegende offene Stellen, die mit einer Art feinem *Crushed Ice* glasiert scheinen, bringen längere Phasen der Ruhe.

Trotz der mächtigen Anstrengung fährt die *Kapitan Dranitsyn* noch mit 6,2 Knoten. Ein Jogger müsste sich beeilen, um mitzuhalten. Dabei laufen die Maschinen noch mit niedrigen Touren.

Ein Offizier steht auf der Brücke ständig am Maschinensteuerstand und kontrolliert den Vortrieb. Wenn er mehr Eiswiderstand im Schiff verspürt, reguliert er gefühlvoll die Übertragung der Kraft der drei laufenden Maschinen auf die drei durch das Achterschiff führenden Wellen. Von seinen Fingerspitzen hängt die Gleichmäßigkeit der Eisfahrt ab. Das Schiff soll möglichst mit stetigem Tempo vorankommen und sich nicht festfahren. Die Passagiere an Deck jauchzen fast vor Freude über diesen vermeintlich ungleichen Kampf. Nichts, so glauben wir in diesen Stunden, scheint unseren prachtvollen Eisbrecher aufhalten zu können. Wir sollten uns irren!

Der Eisbrecher *Kapitan Dranitsyn*, hier aus dem offenen Helikopter vor der Champ-Insel fotografiert, ist ein wahres Kraftpaket und speziell für die Hohen Breitengrade ausgerüstet. Das 14 553 Tonnen Wasser verdrängende Schiff, 1980 in Finnland gebaut, fährt unter russischer Flagge und wird von *Poseidon Arctic Voyages* bereedert. Hier ein paar Daten: Länge 134,5 Meter; Breite 26,5 Meter; Geschwindigkeit 14 Knoten.

Der Eisbrecher ist mit sechs Maschinen ausgerüstet und kann mit seiner vollen Leistung von 24 000 PS bis zu zwei Meter dickes Eis brechen. Das Schiff kann maximal 100 Passagiere aufnehmen – die Besatzung besteht aus etwa 60 Männern und Frauen – und bietet seinen Gästen ein komfortables Zuhause während der Expeditions-Seereisen in die Hohe Arktis. Anlandungen erfolgen per Schlauchboot und Helikopter. Die *Kapitan Dranitsyn* verfügt über 49 geräumige Außenkabinen, einen Vortragsraum mit Projektor und Beamer, eine Bibliothek und eine Krankenstation.

Die Fahrt zum Kaiser-Franz-Joseph-Land bietet ein grandioses Schauspiel. Man kann stundenlang – bei Tag und bei Nacht – vom Deck aus atemlos dem Krimi solcher Eisfahrten zusehen. Von Minute zu Minute ändern sich das Wetter, die Eisverhältnisse und das erregende Farbenspiel der Natur.

Wir durchfahren Nebelbänke, sonnenüberflutete Traumpassagen, stoßen vor, bleiben im Eis stecken, setzen zurück und brechen weitere hundert Meter unsere Fahrrinne auf.

Oder wir treffen auf die Route des 75 000 PS starken Eisbrechers *Yamal*, der regelmäßig den Nordpol besucht und zur selben russischen Reederei gehört.

Nebel liegt über dem Polarmeer und verstärkt die Spannung. Irgendwo dahinter liegen die vergessenen Inseln im Eis – Mythos oder Wirklichkeit?

Kap Tegetthoff – Magische Landmarke im Süden

14. August

Genau wie unsere Vorgänger im Jahr 1873 nähern wir uns dem Kaiser-Franz-Joseph-Land von Süden her. Wir erkennen die beiden charakteristischen Basaltnadeln von Kap Tegetthoff schon früh am Morgen, lange bevor die Küste der Hall-Insel deutlich auszumachen ist.

Als die österreichisch-ungarische Expedition unter Karl Weyprecht und Julius Payer am 30. August 1873 nach zehnmonatiger Eisdrift plötzlich und völlig unerwartet neues Land vor sich sah, waren es genau diese Berge, Felsen und Gletscher, die jetzt auch vor uns liegen.

Es ist nicht verwunderlich, dass diese relativ große Landmasse so lange unentdeckt blieb. Die bedeutenden Arktisexpeditionen des 19. und frühen 20. Jahrhunderts hatten ja ganz andere Ziele: Entweder starteten sie vom Norden Norwegens oder von Spitzbergen aus direkt zum Nordpol oder sie fuhren nordostwärts – auf der Suche nach dem sagenumwobenen Seeweg, der Europa mit Asien als neuer Handelsstrang verbinden sollte. Auch Payer und Weyprecht hofften, diese Nordostpassage ausfindig zu machen. Das Kaiser-Franz-Joseph-Land wurde dabei eher zufällig und unbeabsichtigt entdeckt. Russische Seefahrer hatten allerdings immer schon Land zwischen Nowaja Semlja und Spitzbergen vermutet. Es musste dort oben etwas geben, das die Eismassen auf ihrem Weg nach Süden bremste, etwas, das wie eine gigantische Barriere wirkte und dafür sorgte, dass das Meer so weit oben im Norden oft schiffbar blieb.

Etwa einen Kilometer vor dem Kap, das für die österreichisch-ungarische Expedition zunächst die Rettung bedeutete, lässt Kapitän Saliev den Anker fallen. Das Kap Tegetthoff schlägt uns alle sofort in seinen Bann. Die Küste mit ihren schroffen Felsen und den einzeln stehenden, mächtigen Granitbergen ist malerisch und gleichwohl alles andere als idyllisch. Man fühlt sich an Mondberge erinnert, an fremde Planeten, unvorstellbar fern von unserer plötzlich so kleinen Erde. Wenn es auf ihr noch Plätze gibt, die urtümlich sind, dann gehört zweifellos dieser besondere Ort dazu.

Ein startender Hubschrauber reißt mich aus meinen Gedanken. Auf dem Flugdeck achtern ist emsige Aktivität zu beobachten. Während die eine der leuchtend orangefarbenen Flugmaschinen schon aufgestiegen ist und das Erkundungsteam aus Expeditionsleitung, Flugsicherung und Eisbärenwache an den Strand bringt, läuft die Turbine des zweiten ME2-Hubschraubers noch warm. Er wird unser Filmteam mitnehmen, das sich sofort fertig macht.

Wasserdichte Stiefel, winddichte Kleidung und die obligatorische gelbgrüne *Life-Vest* sind die Grundausrüstung. Bei uns kommen noch das sperrige Kamerastativ, die große Sony Digicam und rund 10 Kilogramm Tonausrüstung dazu. Meist haben wir eine zweite, kleinere Backup-Kamera dabei, falls bei der technisch hochgerüsteten Sony etwas nicht in Ordnung ist. Ergänzt wird unser normales Filmgepäck durch Ersatzkassetten und diverse Kamera-Akkus, die eigenen Fotoapparate und eine Signalpistole mit dicken Leuchtpatronen, die sich zur Eisbär-Abwehr bewährt hat.

Chefpilot Alexander Dudin fliegt uns. Der 45-jährige Arktisexperte deutet mit dem Daumen aus dem Cockpitfenster. Unter uns liegen die beiden rund 60 Meter hohen Felsnadeln des Kaps. Zu ihren Füßen hatte Julius Payer bei seiner ersten Schlittenreise durch den Archipel im März 1874 gelagert und zu Mittag Bärenfleisch braten lassen, bevor er und seine Männer in das Unbekannte aufbrachen.

Alexander Dudin bedeutet unserem Kameramann Walter mit einer Handbewegung, die Digicam einzuschalten. Dann lässt er seine ME2 fast auf Höhe der Felsnadeln absacken und zieht eine saubere Schleife um die beiden Basaltsäulen. Der Helikopter fliegt wie auf Schienen.

So tauchen sie auf, aus dem Nichts – die vergessenen Inseln im Eis.

Ein schönes Bild. Ich bedanke mich mit einem leichten Schulterklopfen. Der Chefpilot wird uns noch zu weiteren spektakulären Bildern verhelfen, die im normalen Flugbetrieb nicht zu drehen sind. Glücklicherweise ist die Schiffsführung großzügig und schaut bei solchen etwas gewagten Manövern offenbar bewusst aus dem anderen Fenster der Brücke.

Am Strand empfängt uns eine unerwartete Vielfalt an Landschafts- und Natureindrücken – im Widerspruch zu allen Vorstellungen von der Hohen Arktis: Die steilen Felsen spiegeln sich in blauen Schmelzwassertümpeln zwischen übrig gebliebenen Schneefeldern, arktischer Mohn blüht leuchtend gelb und weiß vor der eindrucksvollen Granitkulisse, die dunkelbraunen Gipfel der Küstenberge sind noch in der Nacht mit einem weißen Schneehauch bestäubt worden und stehen klar vor einem arktischen Himmel, der durch fein dahingetupfte Wölkchen womöglich noch mehr an Weite bekommt.

Kameramann Walter filmt, Helfried Weyer fotografiert mit seiner schweren Rolleiflex, die auf einem für die Arktis idealen Holzstativ steht (»Da bleiben bei Kälte nicht die Finger dran kleben«), die erstaunlichen Blumen, und ich versuche, mir eine Moderation auszudenken, die diesem besonderen, gefühlsintensiven Erlebnis gerecht wird.

Niemand bleibt bei diesem ersten Landgang unberührt, und mancher entdeckt beim Spaziergang am Strand entlang, vorbei an den beiden so symbolträchtigen Felsnadeln, während er ins Meereis blinzelt und andächtig die fremdartigen Felsformationen bewundert, mancher entdeckt dabei auch in sich »neues Land« – das Gefühl, auf dieser Reise eine lang gehegte tiefe Sehnsucht erfüllt zu bekommen. Plötzlich wird man sich bewusst, dass wir, die 50 Passagiere und die Crew der *Kapitan Dranitsyn,* die einzigen Menschen hier sind; dass zwischen uns und dem Kap Fligely – 200 Kilometer weit im Norden von hier – außer Eisbären, Robben und Seevögeln nichts ist. Nur die Inseln, Kanäle und Gletscher von Kaiser-Franz-Joseph-Land, genauso unberührt wie vor 130 Jahren. Die Stille der einsamen Wildnis, nur hin und wieder unterbrochen vom Zwitschern der Krabbentaucher oder dem heiseren Ruf eines Bären.

Abends gibt es an Bord zum Abschluss dieses großartigen Tages ein Barbecue auf dem Flugdeck. Wir sitzen alle zusammen an langen Holztischen direkt vor den beiden Hubschraubern. Die Rotorblätter sind mit kräftigen Seilen an Deck gesichert. Man muss vorsichtig sein, wenn man darum herum geht.

Es gibt Soljanka, die berühmte russische Kohlsuppe, und Steaks und Lachs vom Grill, dazu geröstetes Brot und Salat. Mein Freund Klaus aus dem Allgäu, ein begeisterter Nordlandfan, Helfried und Kameramann Walter stehen zusammen und schauen einem Matrosen beim Grillen zu. Das Gespräch dreht sich um die Erlebnisse an diesem Ort. Wir bitten den Matrosen, uns den Lachs nur kurz zu grillen, damit er in der Mitte noch glasig-roh bleibt. Der Fisch hat eine solch unglaubliche Qualität, dass das Durchbraten eine kulinarische Sünde wäre.

Über dem Deck steht eine leichte Rauchsäule, in ihr vermischt sich der Duft von Lachs, Eismeergarnelen und Schweinesteaks. Leise Musik ertönt, dazu Gläserklirren und das Reden und Lachen von hungrigen, aber glücklichen Menschen. Ein leichter Windstoß ergreift dieses flüchtige Zeichen menschlicher Anwesenheit und bläst es über das Kap Tegetthoff in die Weite des arktischen Himmels.

15. August

Zu den größten Erfolgen der Expedition unter Weyprecht und Payer gehört angesichts der unglaublichen Strapazen, der die Teilnehmer ausgesetzt waren, die Tatsache, dass während der gesamten Reise nur ein Todesopfer zu beklagen war – der Maschinist Otto Krisch. Er starb sieben Monate nach der Ankunft auf den Inseln an Skorbut und Schwindsucht.

Begraben wurde er auf der nahen Wilczek-Insel – aber wo genau? Erst ein Jahr zuvor hatten Reinhold Messner und der Schriftsteller Christoph Ransmayr, Autor des Romans *Die Schrecken des Eises und der Finsternis*, zusammen mit Helfried und den anderen Passagieren vergeblich nach seinem Grab gesucht.

Messner und Ransmayr stellten fest: »Das Grab existiert nicht mehr – sonst hätten wir es heute gefunden.« Nur Helfried wollte sich mit dieser von so viel Prominenz vertretenen Auffassung nicht abfinden. Er recherchierte zu Hause weiter und brachte bei der ersten Reise im Juli dieses Jahres die Ergebnisse seiner Suche mit: historische Bilder und die damalige Position der *Admiral Tegetthoff*. Helfried und Victor fanden das Grab daraufhin mühelos, mit dem GPS-Empfänger konnten sie die Lage auf einem vorgeschobenen Felskap der Insel sicher ausmachen.

Es ist eindrucksvoll, dieses einsame Grab – sorgfältig aus Steinen aufgeschichtet und nach Osten zur aufgehenden Sonne hin ausgerichtet. Ein Holzkreuz bewacht es mit einer kupferfarbenen Gedenktafel, die bereits die Patina der Zeit angesetzt hat. Selbst das Kreuz mag original sein, die stabile hölzerne Platte mit der aufgeschraubten Tafel ist es mit Sicherheit. »Friede seiner Asche« steht dort eingeritzt.

Genau hier an dieser Stelle nahm die kleine Trauergemeinde damals Abschied von ihrem Kameraden, den sie in der Arktis zurücklassen mussten. »... so stirbt man am Nordpol, allein und wie ein Irrlicht verlöschend«, hatte Julius Payer in seinem Tagebuch vermerkt. Es ist ein besonderes Gefühl, zu den ganz wenigen zu gehören, die die Ehre und Gelegenheit haben, einen Ort zu besuchen, der uns den Entdeckern dieses Landes ein weiteres Mal so nahe bringt.

Plötzlich wird unsere Ruhe durch das tiefe Dröhnen der Schiffssirene gestört. Eisbäralarm!

Das bedeutet, die weit verstreuten Passagiere müssen so schnell wie möglich zum Hubschrauberlandeplatz am Strand kommen. Victor, unser Expeditionsleiter, steht bereits dort unten in seinem knallroten Überlebensanzug und rudert mit den Armen, um uns anzutreiben.

Ein solcher Alarm ist kein Spaß! Immer wieder geschieht es, dass trotz der Eisbärenwachen, die sich in einem großen Kreis um unsere Anlandungspunkte postieren, neugierige Bären zu nahe kommen. Haben diese mächtigen Tiere aber erst einmal verlockende Botschaften im Wind erschnüffelt und Interesse bekommen, sind sie nur schwer wieder abzuschütteln. Der Eisbär als wahrer König der Arktis hat keine natürlichen Feinde – und deshalb auch keine Angst!

In diesem Fall ist ein großes Weibchen mit zwei Jungtieren bis auf etwa zwei Kilometer an unsere Gruppe herangekommen. Sofort macht sich einer der bewaffneten Guides in diese Richtung auf, um die Tiere im schlimmsten Fall so weit entfernt wie möglich zu stellen. Einer der beiden Helikopter fliegt den Tieren direkt entgegen und kreist minutenlang über den Bären, um sie zu erschrecken und abzudrängen. Die knatternde Himmelsmaschine und der nahende unbekannte Zweibeiner sind offenbar dann wirklich zu viel. Familie Eisbär trollt sich.

Dass solche Begegnungen auf Kaiser-Franz-Joseph-Land keine Seltenheit sind, zeigen die zahlreichen Fußabdrücke und Kotreste, die überall zu finden sind. Auf der weiten Ebene vor Kap Tegetthoff kreuzen sich viele Spuren, und selbst auf einem hohen Bergsattel, den das Kamerateam und ich ersteigen, finden wir welche. Während Walter das Stativ für einen Panoramaschwenk aufbaut und Tonmann Michael alles für eine schön einsam klingende Windatmo vorbereitet, sichere ich uns mit aufmerksamem Blick in die Runde. Tatsächlich kann in bestimmten Situationen gleichsam hinter jedem Felsen ein Bär sitzen. Ohne Waffe soll man sich also wirklich niemals von der Gruppe entfernen. Eisbären sind – das sollte man sich immer wieder klar machen – nicht nur mit Abstand die stärksten, sondern auch die gefährlichsten Landraubtiere. So aufregend auch der Gedanke ist, ihnen in freier Wildbahn begegnen zu können, so tödlich kann dieses Treffen enden, wenn man sich mit dem Verhalten der Tiere und dem Gebrauch einer großkalibrigen Waffe nicht auskennt.

Auf der anderen Seite aber kann man dieses prickelnde Gefühl der Gefahr auch genießen, vor allem dann, wenn einem plötzlich zu Bewusstsein kommt, dass der Mensch in dieser nördlichen Welt tatsächlich nur Gast ist. Man bewegt sich mit Vorsicht und Demut durch das Reich von *Ursus maritimus* – und ist fasziniert von seiner unglaublichen Kraft.

Der Archipel des Kaiser-Franz-Joseph-Lands liegt zwischen dem 80. und 82. Breitengrad. In der Mitte, also auf 81. Breitengrad, beginnt die Mitternachtssonne Mitte April und dauert bis Ende August. Mit anderen Worten: Etwa 140 Tage im Jahr scheint die Sonne über dem Kaiser-Franz-Joseph-Land jeweils 24 Stunden lang. Von Oktober bis Februar herrscht dann allerdings die sonnenlose Polarnacht.

86 Prozent des Kaiser-Franz-Joseph-Landes sind von Gletschern bedeckt, und die Wasserflächen zwischen den Inseln sind zehn bis elf Monate lang zugefroren. Diese gigantischen Eismassen mit ihren hundert unterschiedlichen Weißtönen und ebenso vielen Blauschattierungen bilden eine phantastische Szenerie. Wie eine winzige Libelle auf einem großen Teich landet unser Helikopter mitten in dieser weißen Wüste.

Die Hall-Insel, deren höchster Punkt mit 502 Metern in den Wolken liegt, und rechts die beiden Felssäulen von Kap Tegetthoff. Die Teilnehmer der österreichisch-ungarischen Expedition sahen so das Land zum ersten Mal am 30. August 1873; betreten konnten sie es nach zwei langen Monaten des Wartens und der Ungeduld am 1. November.

Das Kap Tegetthoff im Süden der Hall-Insel ist mit diesen senkrechten Felsnadeln zum optischen Wahrzeichen des Kaiser-Franz-Joseph-Landes geworden. Für die meisten Reisenden ist das Kap nach der zweitägigen Überfahrt von Spitzbergen oder Russland der erste Anlaufpunkt im Archipel.

Landeplatz Kap Tegetthoff. Unsere beiden Helikopter haben rund 50 Passagiere an Land gebracht. Die eisfreie Ebene wird von gewaltigen Felstürmen überragt, und der Besucher, der im August hierhin kommt, ist von der für diese Breitengrade ungewöhnlich reichhaltigen Vegetation überrascht.

RA-23706
КОНВЕРС АВИА

Die bizarren Felsnadeln von Kap Tegetthoff, die sich im aufgetauten Wasser spiegeln. Unter den flachen Salzwasserlagunen befindet sich immer noch meterdickes Wintereis.

Der amerikanische Journalist Walter Wellman versuchte 1898 mit einer norwegisch-amerikanischen Expedition vom Kaiser-Franz-Joseph-Land aus den Nordpol zu erreichen – und scheiterte. Auf Kap Flora fand er noch ein Winterhaus des Engländers Frederick Jackson. Wellman demontierte das Haus und versetzte es nach Kap Tegetthoff, wo wir heute die über hundert Jahre alten Reste bestaunen können. Das »Harmsworth House« war achteckig, in der Mitte steht noch der altehrwürdige Eisenofen.

Die österreichisch-ungarische Nordpolexpedition hatte trotz aller Widrigkeiten nur ein Todesopfer zu beklagen, den Maschinisten Otto Krisch. Er starb am 16. März 1874 an Bord der im Eis festgehaltenen *Admiral Tegetthoff* an Skorbut und Schwindsucht und wurde am 19. März auf der Wilczek-Insel beigesetzt. Hier steht unser Expeditionsleiter Victor Boyarsky am Grab von Otto Krisch. Das halb umgefallene Kreuz haben wir vorher wieder aufgerichtet.

Nur etwa 100 Meter vom Krisch-Grab entfernt fanden wir 2004 eine Flaschenpost von Arved Fuchs, die der deutsche Abenteurer am 5. August 1991 in einen Steinmann auf der Wilczek-Insel gelegt hatte. Die mit Positionsangabe versehene Nachricht gibt die Expeditionsziele von Arved Fuchs an, der 1991 mit seiner *Dagmar Aan* als erster westlicher Besucher nach der Entdeckerzeit das Kaiser-Franz-Joseph-Land erreichte. Die Post befand sich in der grauen Plastikflasche, die vermutlich ein Eisbär zerbissen und zu unserem Fundort getragen hat. Die Flaschenpost befindet sich heute gerahmt auf der *Kapitan Dranitsyn*.

»Am 19. März vormittags begruben wir ihn am Landepunkt. Sein Grab ist eine unzugängliche Felsgruft, etwa 150 Fuß hoch, dicht am Rande eines steilen Absturzes gelegen. Wir mauerten sie nach allen Seiten mit Felsblöcken zu und errichteten ein solides hölzernes Kreuz, mit einer Messingtafel darüber. Die Inschrift auf demselben lautet: ›Hier ruht Otto Krisch, Maschinist der österreichischen Nordpolexpedition, gestorben am 16. März 1874, an Bord des *Admiral Tegetthoff*, 29 Jahre alt. Friede seiner Asche!‹« (Karl Weyprecht in einem Brief an den Vater von Otto Krisch)

Die MacKlintok-Insel am Aberdare-Sund: Wasser, Felsen, Eis und Himmel – und darin alle Farbtöne dieser kalten, menschenleeren Märchenwelt.

Im Südwesten der Northbrook-Insel liegt Kap Flora, hier hinter einer Schlechtwetterfront verborgen.

Kap Flora frisch verschneit. Die Bilder dokumentieren den ständigen Wetterwechsel – und immer sind die Ausblicke auf die vergessenen Inseln im Eis faszinierend und geheimnisvoll.

Im Polarnebel »dampft« die *Kapitan Dranitsyn* zum Kap Flora. Auf der Insel kam es am 17. Juni 1896 zu einer denkwürdigen Begegnung. Fridtjof Nansen traf nach seiner Driftexpedition und der Überwinterung auf dem Kaiser-Franz-Joseph-Land nach einjähriger Irrfahrt durch Nacht und Eis den ersten Menschen. Dieser fragte: »Aren't you Nansen?« – »Yes, I am Nansen.« Dieser nur aus zwei Sätzen bestehende Dialog zwischen Frederick Jackson und Fridtjof Nansen hat weltweite Berühmtheit erlangt.

Eine Tafel am Kap Flora erinnert an diese einzigartige Begegnung. Erst durch Jackson erfuhr Nansen, dass er sich tatsächlich, wie er vermutet hatte, auf dem Kaiser-Franz-Joseph-Land befand.

Kap Flora an einem strahlenden Tag, fast ohne Eisgürtel: eine beeindruckende Naturkulisse.

Von Kap Flora sieht man hinüber zur Bell-Insel mit dem markanten Glockenberg (rechts).

Blühender Steinbrech (Saxifraga oppositifolia) – eine Idylle im Kaiser-Franz-Joseph-Land.

1881 kam der Engländer Benjamin Leigh Smith ins Kaiser-Franz-Joseph-Land und baute diese Hütte – Camp Eira – auf der Bell-Insel. Er wollte ursprünglich hier überwintern, aber sein Schiff wurde vor der nahen Northbrook-Insel vom Eis zerdrückt, und Camp Eira blieb unbewohnt. Vor der Hütte sehen wir (von links) unsere russische Eisbärenwache mit Gewehr, den Südtiroler Bergsteiger Reinhold Messner und den österreichischen Schriftsteller Christoph Ransmayr, Autor eines Romans über das Kaiser-Franz-Joseph-Land mit dem Titel *Die Schrecken des Eises und der Finsternis*.

Eis bis zum Horizont, blendende Gletscher, namenlose Berge – und eine Stille, die durch das Bersten des Eises oder den Ruf eines Vogels noch unterstrichen wird. Das Bild zeigt den Blick von der Bell-Insel zur nördlich gelegenen Mabel-Insel.

Nordwärts durch den Archipel

16. August , 2.15 Uhr morgens

Die *Kapitan Dranitsyn* hat nach diesen für alle aufregenden Erlebnissen wieder Fahrt aufgenommen und ist zunächst in Richtung Nordwest gedampft – durch ungefähr 60 Zentimeter dickes geschlossenes Eis. Kein Problem für unser Schiff – aber nachts eben doch unkomfortabel wegen der Geräusche und starken Bewegungen im Schiff.

Um 23 Uhr legt Kaptän Saliev deshalb die *Dranitsyn* sozusagen auch zum Schlafen. Die Maschinen fahren herunter, das Schiff wird langsamer, irgendwann ist der Widerstand des Eises stärker, der mächtige Bug wird wie mit einem Seufzer abgebremst und gleitet in ein schneeweißes Riesenbett.

Die Eiswüste ruht und in ihr das Schiff.

Solche Situationen, mitten in der Nacht bei strahlendem Licht, gehören zu den ergreifendsten Erlebnissen einer solchen Tour. Man ist allein an Deck – vielleicht noch mit einem guten Freund – und lässt diese grandiose Umgebung mit aller Zeit der Welt auf sich wirken. Das Gefühl, in diesem Moment etwas ganz Besonderes zu erleben, etwas, das so vielleicht niemals mehr wiederkehrt, öffnet weit alle Sinne.

Um uns herum blinkt die arktische Natur in ihrer ganzen Schönheit: Das Eis, sonst in allen Blau- und Grünfacetten schimmernd, bekommt durch die Mitternachtssonne noch zusätzlich rosige Spitzen. Man darf sich das Eis ja nicht als homogenes Ganzes vorstellen. Allein die Farbnuancen zwischen den festen weißen Flächen und den fast transparent in allen Blautönen schimmernden Zwischenräumen sind wie ein Gemälde, das immer weiter gemalt wird und niemals fertig ist. Dazwischen liegen schwarzgraue Kanäle mit unheimlich drehenden Wassern – dort sieht man die türkisfarbenen Abbruchkanten der dickeren Schollen, deren flirrende Reflexe in der lichtlosen Tiefe verschwinden und uns mitzulocken scheinen.

Eis ist keine Fläche, Eis ist eine Landschaft! Es wellt sich, zeigt Risse und Spalten, Spannungen brechen nach oben durch und lassen bizarre Gebilde entstehen – spitz geformt oder blockartig aufgeworfen. Solche Formen können mehrere Meter hoch und bis 50 Meter lang sein. Ebenso verschieden mutet das flächige Eis an. Mitunter hart und klar wie Glas wirkend, dann wieder zart von leichtem Schnee wie mit Puderzucker überstäubt. Diese Flächen sind manchmal wie große Kleeblätter geformt – oder eben wie die schon erwähnten Flecken einer Kuh. In direkter Nachbarschaft zu den »Puderzucker-Flecken« befinden sich leichte, etwas mit Schmelzwasser angefüllte Dellen, die in Kobaltblau leuchten. Wie ein regelmäßiges Teppichmuster reichen solche grafischen Flächen zuweilen bis zum Horizont, wo sie erst von den für diese Region typischen Tafelbergen aufgefangen werden. Daneben namenlose und höchstwahrscheinlich nie erforschte Gletscher, von Nebelmützen gekrönt.

Und das Licht – dieses zarte und doch so intensive Strahlen im flachen Winkel wie ein ewigkitschiger Sonnenuntergang, sodass unser Schiff in der Nacht geradezu in Sonnenschein gebadet wird. Außergewöhnlich, faszinierend und immer wieder bewegend ist diese Lichtstimmung, die von der Mitternachtssonne hervorgebracht wird. Auch in dieser Nacht bleiben bis zum Weckruf unseres Expeditionsleiters Victor um 7 Uhr 30 nur wenige Stunden Schlaf – aber wer will schon schlafen, wenn es so vieles zu entdecken und zu fühlen gibt.

16. August, 10 Uhr

10 Uhr, das ist eigentlich der wichtigste Pflichttermin an Bord. Jeden Morgen um diese Zeit treffen sich alle Passagiere, Lektoren und Expeditionsleiter im großen Vortragsraum mittschiffs. Er ist ansteigend wie ein kleines Kino geformt, mit rot gepolsterten Klappsitzen ausgestattet und bietet ausreichend Medientechnik, um Vorträge zu halten, Filme vorzuführen oder eben – mit direkter Unterstützung vom Laptop und vom Beamer – das Tagesprogramm durchzusprechen.

Der Rubini Rock, ein gewaltiger Felsblock am Rande der Tichaja-Bucht, im dichten Morgennebel.

Es hat sich herausgestellt, dass ein solches tägliches »Briefing« den Tag für die ansonsten ja völlig frei agierenden Passagiere gut strukturiert. In dieser Stunde können Fragen gestellt, Wünsche geäußert und auftretende Probleme oft gleich gelöst werden.

Meist sind zwei Anlandungen pro Tag geplant. Beim Briefing wird verkündet, ob die Zodiacs oder die Helikopter genutzt werden, und die Lektoren geben aus ihrem jeweiligen Wissensgebiet erste Informationen über das, was bei den Anlandungen zu sehen und zu fotografieren sein wird. Heute wird es eine verlassene russische Polarstation sein.

Das Niveau dieser »daily briefings« ist erfreulich hoch. Auf Anfrage werden geologische, biologische oder geografische Details erläutert, alles wird in mindestens drei Sprachen simultan übersetzt – ein bisschen fühlen wir uns alle bei diesen Sitzungen wie Teilnehmer einer echten Arktisexpedition. Es herrscht eine ausgesprochen angenehme Stimmung bei diesen täglichen Treffen – die meisten Passagiere, die ich an Bord während meiner zwei Reisen kennen lerne, sind offene, engagierte und sympathische Menschen. Sehr viele von ihnen sind zumindest zweisprachig, so ergibt sich schnell eine enge Verbindung zu den Mitreisenden, man schätzt sich, tauscht seine Gedanken und Erfahrungen aus und hat oft viel Spaß miteinander. Auch so gesehen ist die *Kapitan Dranitsyn* ein ganz besonderer Ort.

Unser Schiff liegt inzwischen in der Tichaja-Bucht, der »Stillen Bucht«. Vor uns erstreckt sich auf einigen geröllbedeckten Strandterrassen die verlassene Station. Dass sie nicht wie ein Fremdkörper in dieser Umgebung wirkt, liegt wahrscheinlich daran, dass die letzten Forscher hier bereits 1959 abgezogen sind. Die Natur hat die einstige menschliche Anwesenheit mittlerweile in Vergessenheit geraten lassen.

Die Station heißt wie die Bucht, an der sie liegt: »Stille«. Einen so romantischen Namen hätte man den russischen Forschern gar nicht zugetraut, zumal das Leben hier oben, zumindest im Winter, auf solchen Stationen trostlos ist. Die Versorgung mit Waren vom Mutterland war nie besonders gut, sie wurde nach der Wende noch schlechter, und so sind die Stationen eine nach der anderen aufgegeben worden.

Erst nach der Öffnung des Kaiser-Franz-Joseph-Landes und angesichts der steigenden Zahl von Touristen aus aller Welt will Russland offensichtlich wieder Flagge zeigen auf dem Archipel und auch die Polarforschung auf den Inseln neu beleben.

Erste Erkundungsteams sollen bereits im September nach unserem Besuch anreisen, um ausgewählte ehemalige Stationen auf eine mögliche erneute Inbetriebnahme hin zu untersuchen. An Bord unseres Schiffes befindet sich eine kleine Abordnung aus Regierungsvertretern und dem Vizepräsident des Amtes für Polarforschung . Sie haben besonders intensiv die erst vor wenigen Jahren verlassene Krenkel-Station untersucht, um sich ein Bild vom Zustand der Anlage und von den notwendigen Reparaturmaßnahmen zu machen. Die Station für Meteorologie und Klimaforschung auf der kleinen Hayes-Insel gehörte zu den Prestigeobjekten der früheren Sowjetunion.

Aber zurück zur Station »Stille«, die bereits ein arktisches Denkmal geworden ist. Ihre hölzernen Häuser und Versorgungsbauten sind schon halb zusammengefallen, und die Gebäude, die noch intakt scheinen, haben sich mit ihrem fahlen, ausgeblichenen Holzton bereits der Umgebung angepasst und bilden eine weitere zarte Nuance im Farbenspiel dieser großartigen Naturkulisse.

Nur die Eisbären kommen offenbar noch regelmäßig zu Besuch. Nicht etwa, um nach den vielen Jahren noch irgendetwas Essbares zu finden, sondern vielmehr, um die hölzernen Veranden, Treppen und Umläufe für ihre Körperpflege zu nutzen. Überall im hellen Holz sind tiefe Riefen zu sehen: Spuren ihrer gefährlichen Krallen, die sie offensichtlich mit großem Vergnügen ins Holz schlagen.

Außerdem ragen überall an den Häusern und aus dem Boden harte oder spitze Gegenstände empor, die herrliche Gelegenheiten für eine erfrischende Hautmassage bieten. Ich habe jedenfalls mehrere Haarbüschel gefunden, die in ihrer Farbe stark an den Pelz der Eisbären erinnern.

Verlassene menschliche Behausungen üben immer eine gewisse Faszination aus – und noch viel mehr in einer so lebensfeindlichen Umgebung. Es ist, als sei die Zeit stehen geblieben und werde sich auch nie wieder in Bewegung setzen. Die zahlreichen Gegenstände in den Häusern wirken wie Sperrmüll der Geschichte. Man fragt sich, was es wohl für Menschen waren in der »Stillen Bucht«, wie sie sich gefühlt haben, ob sie wohl glücklich waren in der Arktis wie wir flüchtigen Besucher, trotz der sicherlich vielen Entbehrungen hier?

Vielleicht gab es Musikinstrumente wie in der Krenkel-Station, wo im großen Gemeinschaftsraum neben verdorrten Topfpflanzen noch immer eine Heimorgel, Verstärker und die Lampen einer Lichtorgel vor sich hindösen. Sogar die Notenblätter liegen noch auf dem Klavier. Solchen modernen Luxus gab es natürlich in der 1930 gegründeten Station »Stille« nicht, selbstverständlich auch kein Fernsehen, Video oder Computerspiel. Im besten Fall knisternden Radioempfang über den Kurzwellensender: Radio Moskau oder vielleicht doch mutig BBC mit Musik von Glenn Miller oder Chris Barber. Wen hätte es – bis auf den Politoffizier – interessiert? Und der war nach zwei Überwinterungen sowieso assimiliert und froh, in dieser rauen Welt Teil einer Gemeinschaft zu sein.

Wer immer diese alte Station besuchen mag, die immerhin aus rund 25 Gebäuden besteht, sollte auf jeden Fall einen Blick in das alte Generatorenhäuschen werfen. Es liegt gleich unterhalb eines verfallenen Windrades, das mit nur noch einem intakten Flügel fast ein wenig vorwurfsvoll in den klaren arktischen Himmel zeigt.

Im Haus selbst sind noch mechanische Drehbänke, die über Transformationsriemen angetrieben wurden, sowie kleinere Stromerzeuger und Teile der Inneneinrichtung zu sehen. Das fahle, durch zwei blinde Glasfenster einströmende Licht fällt auf alte Werkzeuge, einen Stuhl und eine Ecke mit verschiedenen Haken an der Wand und einer verblichenen Betriebsanleitung in kyrillischen Buchstaben, überzogen mit einer graugrünen Patina aus Staub und Maschinenschmutz. Eine Szenerie wie für eine Filmkulisse – und zugleich wirkt der Raum wie ein Grab.

Bevor wir uns das alles ansehen können, muss aber auch dieser Besuch gut von der Crew vorbereitet werden. Niemand wird an Land gebracht, bevor nicht eine Explorationsgruppe, bestehend aus dem Expeditionsleiter, zwei Jägern und weiteren Helfern, das jeweilige Terrain und seine Umgebung auf die Anwesenheit von Eisbären abgesucht haben. Wie notwendig das ist, haben wir ja bereits erfahren. Mehrere mit Spezial-Fernstechern ausgerüstete Eisbärenwachen bilden eine lockere Linie um den jeweiligen Landeplatz. Kein Passagier darf, auch wenn es noch so verlockend ist, diese magische Linie überschreiten.

In offenem Terrain ist diese Sicherung meist schnell erledigt – Orte wie die alte Polarstation machen deutlich mehr Arbeit. Die Häuser sind größtenteils offen, Türen fehlen oder hängen, morsch geworden, winselnd in den Angeln, für neugierige Eisbären jeden Alters ein herrlicher Tummelplatz.

Wie beim Häuserkampf muss jedes Gebäude einzeln durchsucht werden. Und es wirkt schon sehr martialisch, wenn der Expeditionsleiter mit der halbautomatischen Waffe im Anschlag in den Hauseingängen verschwindet, nicht wissend, ob ihm nicht tatsächlich ein 400 Kilogramm schweres Geschoss mit weißem Fell, schwarzen Krallen und scharfen Zähnen entgegenfliegt. Aus der Dunkelheit der fremden, unübersichtlichen Räume kommend hat der Bär alle Vorteile auf seiner Seite – für einen präzisen Schuss zur Verteidigung, der bei einem solchen Angriff wirklich sofort töten muss, bleiben dann nur Sekundenbruchteile. Wer selbst erlebt hat, wie schnell Eisbären sich auch aus großer Entfernung nähern können und wie wenig Scheu sie vor der Begegnung mit dem Menschen haben, der begreift, dass diese zunächst etwas übertrieben wirkenden Maßnahmen völlig gerechtfertigt sind.

16. August, abends Der mächtige Herrscher der Arktis gab sich am Abend noch ein Stelldichein – direkt an der Bordwand des im Eis fest verankerten Schiffes: ein Riese mit dünnem, fast schon fadenscheinigem Fell, langen, wie Federn wirkenden Haaren an den Beinen und einer schrundigen Nase, die von zahlreichen Scharmützeln mit Beutetieren oder häufiger wahrscheinlich sogar mit Artgenossen zeugt. Auch auf dem Kopf sind dunkle Risse im dort kurzen Fell zu sehen, es handelt sich offensichtlich um einen alten, kampferprobten Haudegen. Dabei ist er gut genährt, fast fett, und bewegt sich mit der typischen Tapsigkeit, die diese Tiere so harmlos wirken und den Betrachter leicht ihre Unberechenbarkeit vergessen lässt.

Die Passagiere drängeln sich am Bug und hängen in Trauben über der Reling, um ein Foto nach dem anderen zu schießen. Der Bär ist wirklich erstaunlich groß und ebenso dickfellig. Wahrscheinlich haben ihn die Bratendüfte aus der Bordküche angelockt. Seine Nase jedenfalls bebt vor Neugier und Erregung, mitunter zieht er seine Lefzen hoch, und dann verschwindet sofort der Eindruck, man habe einen großen plumpen Teddybär vor sich. Gefährliche Hauer in blutrotem Zahnfleisch recken sich uns entgegen, die wir inzwischen auf dem hinteren Teil des Schiffes unterhalb des Flugdecks nur noch vier bis fünf Meter über ihm sind. Offenbar animieren ihn die Fotografen, die sich auch noch unter der Reling durchgequetscht haben, um ihm noch einen Meter näher zu sein. Plötzlich stellt er sich auf die Hinterbeine und zeigt uns seine prachtvolle Gestalt in ganzer Größe – geschätzte drei Meter! Die direkt über ihm sind, zucken erschrocken zurück. Durch den Sucher einer Kamera mit Teleobjektiv war das wahrscheinlich eine sehr eindrucksvolle Situation.

Schließlich umrundet der riesige Bär zum wiederholten Male das Heck und gibt auch noch eine kurze Vorstellung seiner Schwimmkünste. Unerwartet elegant lässt er seine Muskelmassen ins Wasser gleiten und entert nach rund 50 Metern ebenso behände die nächste Eisscholle – fast als wolle er uns seine Überlegenheit demonstrieren.

Klaus und ich haben uns bald von diesem Spektakel verabschiedet und uns in die Bar zurückgezogen. Dort treffen wir in gemütlicher Runde Victor, der mit einem holländischen Topfotografen namens Henny Miltenburg dessen Bildausbeute des Tages am Laptop anschaut.

Diese kleine, unprätentiöse Bar mit Blick auf das Vordeck ist sehr beliebt an Bord. Hier treffen sich die meisten Passagiere nach dem Abendessen zum Plausch, zeigen ihre Bilder oder tauschen mit Worten ihre Erlebnisse aus. Besonders angenehm ist, dass auch die russischen Offiziere und die Guides dort mit einem Bier anzutreffen sind.

Unser fast schon legendärer Expeditionsleiter Victor Boyarsky hat neben sich seinen Spezialwodka stehen, eine teuflische Mischung aus der Ukraine, aufgesetzt mit Honig und Chili. Er trinkt jeden Tag ein Glas davon und schwört, dass nur daher seine stabile Gesundheit komme.

Victor hat diese Art der Expeditionsreisen in die Hohe Arktis mit initiiert – davon ausgehend, dass eine solche sanfte Form des Tourismus dieser letzten Wildnis unseres Planeten nur nützen könne. Er selbst liebt die Arktis über alles. Der ausgebildete Atomphysiker arbeitet heute als Direktor des Polarmuseums in St. Petersburg – wenn es ihn nicht gerade wieder auf ein Schiff wie die *Kapitan Dranitsyn* treibt.

»Piter«, fordert er mich auf, »komm, nimm einen Wodka mit mir!« Ich kann ihn auf ein Bier runterhandeln, möchte aber nicht unhöflich erscheinen, weil ich ihm schon lange gern einige persönliche Fragen stellen möchte. Was mich am meisten interessiert, ist, warum es Menschen wie ihn immer wieder in die Arktis zieht.

Er lächelt und beginnt dann von seiner Kindheit zu erzählen, von seiner Familie und dem Leben in St. Petersburg. Er beschreibt seinen Weg vom Schüler zum gefragten Atomphysiker, der irgendwann nicht mehr gebraucht wurde und seine Liebe zur Natur entdeckte – zu allem, was weit weg war von der Stadt. Als offizieller Teilnehmer der Sowjetunion an der längsten Schlittenhundexpedition quer durch die Antarktis machte er sich auch als Pionier und Forscher einen Namen.

»Ich leite seit Mai 1998 das Polarmuseum in meiner Heimatstadt und habe viel Zeit darauf verwendet, herauszufinden, was die Arktis und Antarktis so attraktiv macht, worauf die fast magische Anziehungskraft der Pole beruht. Ich glaube inzwischen, es gibt keine allgemein gültige Antwort – jeder findet seine eigenen Beweggründe. Als wir die Schlittenreise am Südpol gemacht haben, gab es sicherlich eine politische Motivation – wir wollten auch ein Stück Völkerverständigung praktizieren. Bei meinen Fußmärschen zum Nordpol spielten ganz persönliche Gründe eine Rolle: Ich wollte herausfinden, wie weit meine eigene Leistungsfähigkeit geht, wie man so etwas auch im Kopf durchsteht – ich habe sogar Gedichte über diese Fragen geschrieben. Weißt du, Piter, vielleicht ist es gerade das, was all die Menschen auch hier wieder an Bord fasziniert: Jeder hat und findet auf einer solchen Reise den eigenen Pol – in seinem Kopf oder noch besser in seinem Herzen.«

Er lächelt mich wieder an. Menschen wie Victor gibt es nicht oft, die Verbindung von Intellekt und Gefühl in ihm beeindrucken mich auch in diesem Gespräch.

In der Bar sind plötzlich Akkordeonklänge zu hören. Es ist ein schöner Brauch, dass bei den Sommerreisen immer Musiker auf der *Kapitan Dranitsyn* mitfahren. Ihre schwermütigen russischen Lieder versetzen einen zwar manchmal in eine fast rührselige Stimmung, aber sie passen hierher – gerade weil sie so direkt und ohne großes Beiwerk vorgetragen werden. Anatoli aus Murmansk, der auf dieser Reise dabei ist, taucht irgendwann nahezu unbemerkt in der Bar auf, setzt sich in eine Ecke und fängt an zu spielen. Oft werden die Gespräche dann leiser, man lauscht zunächst nur mit einem Ohr, mitunter wenden sich ihm nach kurzer Zeit ganze Tischgesellschaften zu, und ich habe ihn auch schon voller Stolz zwischen rhythmisch klatschenden Händen spielen sehen.

Alle Passagiere haben dann ganz weiche Gesichter, und wir fühlen uns als eine große Gemeinde, geeint durch das weiße, kalte Land da draußen vor den Bullaugen der kleinen Bar. Vielleicht ist es auch das, was Menschen immer wieder hier oben hinzieht, denke ich – und bin wieder einmal dankbar, dass ich es miterleben kann.

Die *Kapitan Dranitsyn* in der Stillen Bucht. Das Bild entstand aus dem offenen Helikopter.

Anlässlich des Internationalen Geophysikalischen Jahres 1932/33 , das von Karl Weyprecht bereits unmittelbar nach seiner Entdeckung des Kaiser-Franz-Joseph-Landes angeregt worden war, baute die Sowjetunion die bereits vorhandenen wissenschaftlichen Stationen auf dem Archipel weiter aus, so auch die Basis Tichaja in der Stillen Bucht auf der Hooker-Insel. Hier wurden erstmals Ballon-Radio-Sonden zur Erforschung der Atmosphäre eingesetzt. 1959 wurde die Station Tichaja geschlossen, heute ist sie eine Geisterstadt mit etwa 25 verlassenen und vereisten Gebäuden, einem Hangar und Flugzeug- und Autowracks.

Rubini Rock am Rande der Stillen Bucht in der Morgensonne. Nachdem der Kapitän die Maschine gedrosselt hat und wir langsam durch das blaue Wasser auf den Felsgiganten zugleiten, lösen hunderttausend Vogelstimmen den Lärm der Motoren ab. Lange nicht gesehene Farben leuchten auf: rostbraune Flechten, weißer Vogelkot, grüne Gräser. Der Wind hat sich gelegt, die Sonne den Nebel besiegt – Sommer im Kaiser-Franz-Joseph-Land.

Ein großartiges Schauspiel: vor uns, über uns, um uns unzählige Dreizehenmöwen, dann die Dickschnabellummen und hoch oben auf den Klippen auch Eismöwen und Krabbentaucher.

Die unüberschaubar vielen Vögel nisten hier auf den Basaltleisten, in Nischen und auf Felsvorsprüngen. Die Natur hat es vermocht, sich auch in dieser lebensfeindlichen Umgebung mit vielfältigen Lebensformen zu behaupten.

Die Basaltausprägungen am Rubini Rock begeistern nicht nur den Geologen, sondern ebenso jeden ästhetisch empfindsamen Menschen, der sich an Formen und Farben erfreuen kann.

Inmitten einer fast unendlichen Eiswüste bieten die vergleichsweise üppige Vegetation und die farbenprächtigen Felsformationen dem Betrachter ein einzigartiges Erlebnis.

Eine Gruppe von Dickschnabellummen in der Klippenlandschaft.

Dickschnabellummen und Dreizehenmöwen im Basalt des Rubini Rock.

Ein Jahr zuvor hatten wir eine andere Situation am Rubini Rock vorgefunden: Der riesige Basaltklotz ist von festem Eis umgeben. Wenige hundert Meter vor dem Vogelfelsen stoppt der Eisbrecher, und die Passagiere können zu Fuß zum Rubini Rock laufen, nachdem Expeditionsleiter Victor Boyarsky die Sicherheit des Weges überprüft hat.

КАПИТАН ДРАНИЦЫН

Die *Kapitan Dranitsyn* verlässt in der eigenen Fahrrinne den Rubini Rock (im Hintergrund). Links im Bild liegen die östlichen Ausläufer der Scott-Kelty-Insel.

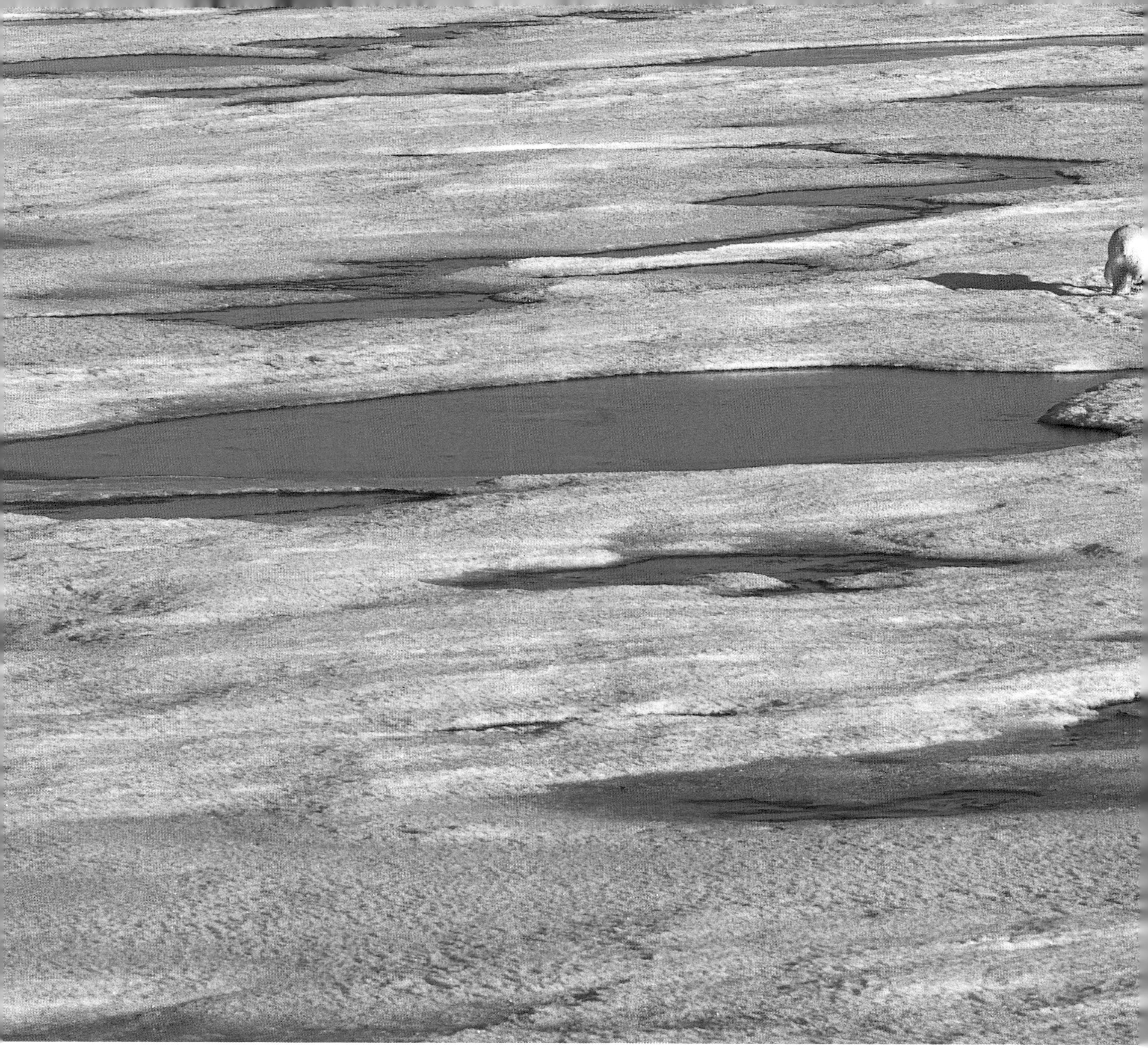

Eisbären, die Herrscher der Arktis, sind sehr neugierig und kommen dicht ans Schiff, wenn es steht oder sich nur sehr langsam bewegt. Bei schneller Fahrt aber fliehen sie – der unbekannte riesige Stahlkoloss flößt ihnen dann doch Respekt ein. Dieses Bild entstand bei voller Fahrt nachts um zwei Uhr. Beide Eisbären, Mutter und Kind, trabten zunächst gemächlich neben unserer Fahrrinne, beim Näherkommen der über 40 Meter hohen *Kapitan Dranitsyn* nahmen die Tiere plötzlich Reißaus. Die Mutter wartete allerdings immer wieder auf ihr langsameres Jungtier, das ihrer Spur genau folgt.

Eisbären laufen über große Distanzen von Scholle zu Scholle, notfalls überbrücken sie auch schwimmend offenes Wasser. Sie leben von Robben, die sich neben ihren Atemlöchern gerne auf dem Eis sonnen. Langes Schwimmen und weites schnelles Laufen sind für die Tiere schädlich. Ihre Isolierung ist so perfekt, dass sie rasch erhitzen und dann Herzprobleme bekommen können.

Hier handelt sich um ein besonders neugieriges Jungtier, das unser Schiff von allen Seiten inspiziert. Nachdem der Eisbär schließlich festgestellt hat, dass diese Wesen mit der klickenden Fotoapparaten und den surrenden Videokameras langweilig und für ein Frühstück unerreichbar sind, zieht er sich zurück in das Königreich Wildnis.

Die Golfbälle des Teufels

17. August

Unser Kurs führt weiter nordwärts, in geschwungenen Linien zwischen den vielen Inseln und Felsen durch den Archipel: durch die Britannia-Straße und die Markham-Straße, vorbei an Eilanden wie Nansen-Insel, Newcomb-Insel und Alger-Insel – man könnte Monate hier unterwegs sein und hätte noch immer nicht alles gesehen.

Es gibt absolute »Musts«, Plätze, die auf Grund ihrer bedeutsamen Geschichte oder eines besonderen Naturphänomens wegen unbedingt angelaufen werden müssen. Ein solcher Platz ist in meinen Augen die Champ-Insel im Zentrum des Archipels. Sie gehört zu den mittelgroßen Inseln und ist wie viele im Kaiser-Franz-Joseph-Land zu 85 Prozent mit ewigem Schnee und wilden Gletschern bedeckt.

Die Champ-Insel barg viele Jahre ein ungelöstes geologisches Geheimnis – die »Golfbälle des Teufels«. So nannten Polarforscher die großen Felskugeln, die zu hunderten in verschiedensten Größen aus den schrägen Ebenen der Insel herauszuwachsen scheinen. Sie sind tatsächlich so rund wie eine Kegelkugel – die größten gut zwei Meter im Durchmesser, die kleinsten wenige Zentimeter, als sei ihr Wachstum irgendwann unterbrochen worden. In diversen Publikationen wurden sogar außerirdische Besucher und kosmische Kräfte bemüht, um dieses Phänomen zu erklären.

Kompetente Auskunft erhalten wir exklusiv von Sepp Friedhuber, einem bekannten österreichischen Geologen und Professor, der uns am Strand der Champ-Insel wie in einem Freiluft-Auditorium eine Privatvorlesung über dieses Thema hält. Die neuesten wissenschaftlichen Erkenntnisse legen das folgende Szenario nahe: Der Ursprung der Steinkugeln liegt wahrscheinlich im Meer, ihre Ausgangssubstanz ist organisch. Verwesende Lebewesen wurden in weiche Sedimente eingebettet, um sie herum haben sich verschiedene Mineralien angelagert – und die verklebten bei gleichmäßiger Stoffzufuhr von allen Seiten zu mehr oder minder perfekten Kugeln aus Quarzitsandstein. Nach der tektonischen Hebung des Kaiser-Franz-Joseph-Landes vor rund 200 Millionen Jahren wurden sie dann von Gletschern und Gletscherbächen nach und nach freigelegt.

Auch wenn diese wissenschaftliche Theorie eine plausibel erscheinende Erklärung bietet, bewahrt sich die Champ-Insel dennoch etwas Geheimnisvolles. Für mich scheinen die Kugeln an manchen Stellen jedenfalls nach wie vor direkt aus dem Boden zu wachsen. Nur an wenigen Orten auf der Erde gibt es Vergleichbares zu bewundern.

Was die Champ-Insel mit ihrem winzigen eisfreien Teil im Südwesten darüber hinaus so besonders macht, ist ihre Vegetation – die freilich nach mitteleuropäischen Kriterien nur sehr karg ist. Nicht vergessen darf man aber dabei, dass wir uns inzwischen auf einer geografischen Höhe von 80° 38' Nord befinden – also weiter nördlich noch als die Nordspitze von Spitzbergen. Dass in solch extremen Breiten mancherorts noch Pflanzen gedeihen, ist zum überwiegenden Teil auf die große Vogelpopulation zurückzuführen. Wo tausende von Seevögeln ihr Brutgeschäft erledigen – wie auch hier auf der Champ-Insel – entsteht Guano, bester Pflanzendünger. Überall, wo Vogelkot zu finden ist, entsteht neues Leben. Und so wachsen vor den Klippenwohnungen der Dreizehenmöwen, Dickschnabellummen und Eissturmvögel zunächst leuchtend grüne Moosstränge wie lange wehende Bärte an den Felsen hinab. Dann fassen auch dort, wo die Felswände in den Hang übergehen, erste Pflanzen Fuß: zunächst winzige Flechten und Moose, später dann Gräser und kleine Blumen.

Man glaubt es kaum, aber es gibt im Kaiser-Franz-Joseph-Land 57 Blütenpflanzenarten und über 50 verschiedene Moose. In der Bachlandschaft neben den großen Steinkugeln bildet sich in der kurzen Vegetationsperiode ein fast gartenähnlich üppiger Bewuchs. Angeblich gibt es

Die geheimnisvollen Steinkugeln auf der Champ-Insel sind außen so sauber und makellos rund wie fein bearbeitete Skulpturen.

sogar Bäume – allerdings nur in Form winziger Kriechgewächse wie der Polarweide. Daumengroße Exemplare wären da schon Mammutbäume!

Auch der zunächst so lebensfeindlich erscheinende Permafrost-Boden spielt eine wichtige Rolle für das Pflanzenleben – er ist sogar die Voraussetzung dafür. Denn ohne ihn würden die wenigen Niederschläge in der arktischen Kältewüste wirkungslos versickern. Wenn die oberen 20 bis 50 Zentimeter im Hochsommer auftauen, bewahrt diese Schicht eine gewisse Bodenfeuchtigkeit, und die seltenen Niederschläge bleiben für die Pflanzen über einen längeren Zeitraum nutzbar.

Aufgeregte Rufe von Helfried locken uns zu einer anderen Stelle. 200 Meter weiter in den Bergen hat eine Gruppe von uns mehrere bis zu 30 Zentimeter lange und vielleicht zwei Zentimeter dicke Felsplatten gefunden. Ockergelb bis rostrot gefärbt, wachsen jeweils drei bis sechs perfekt halbrunde Kugelstrukturen mitten aus der Fläche heraus. Die Platten sehen aus wie Kunstwerke, sie wirken wie eine Installation aus Metall. Sepp Friedhuber bekennt, dass auch er so etwas noch nie gesehen habe.

Ich muss gestehen, dass es mich in solchen Augenblicken schon etwas in den Fingern juckt. Wie gern würde man solche Fundstücke mitnehmen und zu Hause – als geheimnisvolle Boten aus einer fremden Welt – auf seinen Schreibtisch stellen! Dennoch haben wir die schönen Plattenkunstwerke wie alles andere liegen lassen – und uns damit an die ungeschriebenen Gesetze der Arktis gehalten, die sinnvollerweise fordern, nichts von hier zu entfernen und überhaupt das gesamte Ambiente mit seiner einzigartigen Pflanzen- und Tierwelt so wenig wie möglich zu belasten, weil die Natur in diesen hohen Breitengraden mitunter Jahrzehnte braucht, um entstandene Schäden wieder zu beheben.

Ein Gebiet wie das Kaiser-Franz-Joseph-Land ist auch deshalb in besonderem Maße schutzbedürftig, weil es unberührte Flächen in dieser Größe fast kaum noch gibt auf unserem Planeten. Andererseits ist die Belastung durch die wenigen Menschen, die hierher kommen, durchaus akzeptabel – zumal die Expeditionsreisen nur zu einigen ausgewählten Plätzen führen. Der Tourismus in diese entlegene Region wird gut daran tun, sich mehr als anderswo in Selbstbeschränkung zu üben, denn schließlich macht gerade die Unberührtheit den außerordentlichen Reiz dieser Inselgruppe aus. Und der Respekt vor der arktischen Natur verhindert auch keineswegs, wie ich selbst erfahren durfte, so spektakuläre Erlebnisse, wie ich sie bislang in keiner anderen Gegend der Erde genießen konnte.

Furchtlose Giganten

Nach unserem Besuch der Steinkugeln fährt die *Kapitan Dranitsyn* weiter Richtung Nordost, durch den malerischen Yermak-Sund zum Wilczek-Land, einer der vier größten Inseln des ganzen Archipels. Doch unsere Fahrt wird nach zwei Stunden – direkt nach dem Mittagessen – gestoppt. Von der Brücke aus sind auf einer größeren Eisscholle in nur wenigen Kilometern Entfernung Walrosse entdeckt worden!

Zu unserem großen Glück haben wir offenes Wasser um das Schiff, kein Eis. Die Zodiacs können sofort an den Armen der beiden Kräne ausgeschwenkt werden und sind in wenigen Minuten einsatzbereit. Die sofort alarmierten Gäste tasten sich schon die steile Gangway hinunter und werden am unteren Ende von kräftigen Matrosenarmen von der schmalen Plattform direkt über dem Wasser ins Boot geleitet. Solche Manöver sind besonders bei Wellengang nicht ungefährlich. Der Moment, wann man sich vom Schiff löst, um den Schritt auf den Gummiwulst des Zodiacs zu wagen, will gut abgepasst sein.

Wir mit unserer schweren und sperrigen Kameraausrüstung müssen da besonders vorsichtig agieren. Aus Sicherheitsgründen legt Walter vor solchen Aktionen immer eine frische Kassette in die Kamera ein, damit bereits entstandene Aufnahmen nicht verloren gehen, sollte sein »Baby« über Bord rutschen und untergehen.

Angetrieben von den kräftigen Außenbordmotoren, gewinnen die Zodiacs sofort an Fahrt, und schnell wird hinter uns die *Kapitan Dranitsyn* kleiner. Es entsteht jedes Mal wieder ein kitzelndes Gefühl in der Magengrube, wenn wir das sichere, große Schiff verlassen und den Elementen der Arktis so nahe sind. Unser Eisbrecher lässt sich treiben, um im Notfall sofort agieren zu können, ohne erst das tonnenschwere Ankergeschirr an Bord holen zu müssen. Oben auf der Brücke werden uns ständig Männer mit wachsamen Augen folgen und über Funk mit Bootsführer Konstantin Kontakt halten.

Mit ihm, einem großen schlanken Russen mit einem lustigen Mund, fahren wir am liebsten, weil er sein Boot inzwischen so »kamerafreundlich« steuern kann, dass Walters Landschaftsaufnahmen während der Fahrt wie mit einem *Dolly,* einem schweren Kamerawagen, gedreht aussehen.

Wir verfolgen einen anderen Kurs als die weiteren Boote, denn wir haben eine besondere Mission. Bei uns an Bord sind zwei Taucher, die während der Reise bereits vier, fünf Mal ins eisige Wasser gestiegen sind, um in Prospektionstauchgängen einen kleinen Teil des Archipels auf lohnende Unterwasserreviere hin zu untersuchen. Louise Murray aus Schottland und Arnt Ofstad aus Nordnorwegen sind gewiefte Eistaucher. Ihre dicken Neoprenanzüge können zur Not sogar beheizt werden, doch das wird heute nicht nötig sein. Die beiden wollen gar nicht ins Wasser gehen, sondern planen, sich über das Eis einer kleineren Herde von Walrossen zu nähern, erst zu Fuß und schließlich kriechend. Die Anzüge sollen nur im Notfall, bei einem Einbruch in eine Eisspalte, für Schutz sorgen.

Das Ganze ist ein heikles Unternehmen, denn niemand vermag vorauszusagen, wie die tonnenschweren Kolosse auf ihre wahrscheinlich erste Begegnung mit Menschen reagieren werden. Louise möchte die bei der Aktion entstehenden Filmaufnahmen an die *BBC* verkaufen – und auch ich habe Interesse angemeldet, weil wir die Annäherung nur aus sicherer Entfernung beobachten und filmen werden. Wir sind ja kein extra ausgebildetes Expeditionsteam und müssen daher besonders darauf achten, wo unsere Grenzen sind.

Konstantin hat die ausgewählte Herde von rund 20 Tieren bereits gesichtet und steuert das Boot auf eine weit genug entfernte Eiskante zu. Um die Tiere nicht zu erschrecken, stellt er den Motor ab und lässt uns die letzten Meter paddeln. Knirschend stößt der Bug an die Eiskante. Der sicherste Weg, zunächst eine Person auf das Eis zu schicken, um das Boot zu sichern, ist nicht elegant, aber praktisch: Man setzt sich vorn am Bug mit dem Hintern auf den Gummiwulst und dreht dann über den Po die Beine nach draußen Richtung Land. Jetzt muss man sich nur noch leicht abstoßen und steht – hoffentlich – fest auf dem Eis, in der Hand die Leine für das Boot, die bei einem unverhofften Einbruch im Eis auch die Verbindung zum rettenden Zodiac bedeutet.

Geschmeidig wie zwei Katzen gleiten die beiden Taucher davon. Die Walrosse sind etwa 300 Meter entfernt und haben uns noch nicht wahrgenommen – oder sie ignorieren uns einfach.

Während wir die Aktion aus der Entfernung beobachten, erzählt Konstantin, dass dank der Schutzmaßnahmen des Sowjetischen Staates im Kaiser-Franz-Joseph-Land gegenwärtig wieder rund 2000 Walrosse leben, dass sie sich vorwiegend von Muscheln ernähren und bis zu 50 Kilogramm davon vertilgen können. Außerdem sind die Tiere in der Lage, beim Auftauchen 20 Zentimeter dickes Eis zu durchstoßen; mit ihren bis zu einem Meter langen Stoßzähnen flößen sie sogar einem erwachsenen Eisbären Respekt ein.

Inzwischen kommen die Taucher, die sich in einem Bogen über das Eis bewegen, den Walrossen näher und näher – doch sie sind natürlich längst entdeckt worden. Wie nah werden die Kolosse sie an sich heranlassen?

Die Gruppe formiert sich sicherheitshalber neu. Das ranghöchste Tier liegt nicht außerhalb – wie man vermuten könnte – sondern inmitten der Gruppe, die eine sehr komplexe Sozialstruktur besitzt.

Beim Blick durch Walters Teleobjektiv halten wir den Atem an. Die zierliche Louise geht jetzt halb erhoben direkt auf die Gruppe zu. Die sich nervös aufrichtenden Tiere wirken riesig gegen sie. Bullen können bis zu 1,9 Tonnen wiegen.

Später wird sie uns berichten, dass sie am Schluss nicht mehr als fünf Meter von den Walrossen entfernt war. Ihre Filmbilder, die sie mit einer kleineren Digicam im Unterwassergehäuse aufgenommen hatte, waren so spektakulär, dass wir sie später in unseren eigenen Filmbericht eingeschnitten haben.

Schließlich kommen Louise und Arnt direkt über das Eis zurückgelaufen. Schon von weitem ruft uns Louise zu: »You can come. The ice is safe!«

Es ist verlockend, aber natürlich alles andere als eine gute Idee. Wir haben nur unsere normalen Overalls und Schwimmwesten, ein solcher Ausflug wäre viel zu gefährlich. Schweren Herzens steigen wir ins Boot und machen uns auf den Rückweg. Auf der Fahrt über die spiegelglatte Lagune sehen wir plötzlich weitere Tiere – 30, 40, 50 Stück auf einer Eisscholle, die wir direkt anfahren können.

»Jetzt aber los, Konstantin«, rufe ich und habe die Enttäuschung von eben schon vergessen. Der Außenborder brüllt auf, als Konstantin Gas gibt. Unser großes Boot kommt ins Gleiten, und wir schießen mit 40 Kilometern pro Stunde über das spiegelnde Wasser. Es ist herrliches Licht bei azurblauem Himmel, wir haben noch genug Zeit, die Walrosse kommen näher – alle an Bord jauchzen vor Freude, während wir uns wegen des mörderischen Tempos gemeinsam am Sicherungsseil festhalten.

Durch die eigenen Wellen gebremst, lassen wir das Boot vor der Scholle mit den Walrossen langsam auslaufen und treiben eine Zeit lang parallel zu den Tieren. Von einer solchen Situation träumt jeder Arktisfahrer: eine Scholle mit 30 bis 40 Walrossen direkt anzufahren, im besten Licht und in Begleitung von Experten, die genau wissen, wie weit sie gehen können. Und sie wissen offenbar, dass sie in diesem Fall sehr weit gehen können. Teilweise tuckert unser Boot gerade mal fünf Meter an den Tieren vorbei. Die Luft ist gefüllt von ihrem kehligen Gebrüll und ihrem scharfen Geruch.

Über den Tieren im Wasser und auch über der Gruppe auf dem Eis steht gefrierender Atem wie eine kleine Nebelbank. Sie sind wirklich riesig, ganz anders, als man Walrosse aus den Zoos kennt. Das hier sind prachtvolle, in paradiesischen Umständen aufgewachsene, furchtlose Giganten, die uns niemals das Gefühl geben, wir wären bedrohliche Eindringlinge. Eher fühlten wir uns wie neugierig beäugte Gäste, die sich aber den Regeln der Arktis gemäß benehmen und deshalb auch geduldet werden. Was für ein Erlebnis!

Man sieht sie auch im Wasser und hört ihre mächtige Bugwelle, wenn sie Scheinangriffe auf unser Boot schwimmen, um uns auf Distanz zu halten. Mitunter sind 20 Tiere direkt neben uns und tauchen unter dem Boot durch. Ihre im Wasser eleganten, grünlich schimmernden Körper sind bis in große Tiefen zu sehen. Die Köpfe mit den mächtigen Hauern schauen sekundenlang aus dem Wasser, bevor sie wieder prustend abtauchen. Mitunter tauchen Walrosse nur 50 Zentimeter neben dem Boot auf, als wollten sie mit den Zodiacs und uns spielen. Und fast unglaublich ist, dass eines der Tiere direkt am Außenborder hochkommt und sich minutenlang durch den Kühlwasserstrahl genüsslich das Zahnfleisch massieren lässt!

Dabei kann diese aufregende Nähe schnell auch in eine ernste Situation münden. Erst auf der letzten Reise hatte ein Tier mit seinem Stoßzahn einen Gummiwulst so verletzt, dass zischend die Luft entwich. Das Boot sank nur deshalb nicht, weil es aus mehreren getrennten Kammern besteht.

An diesem Nachmittag haben wir wirklich die schönsten Seiten der Arktis kennen gelernt. Das Kaiser-Franz-Joseph-Land kommt uns allmählich vor wie ein großer Naturpark, in dem sich Mensch und Tier, Wildnis und Zivilisation friedlich begegnen können.

Rätselhafte Steinkugeln liegen nicht nur auf der Champ-Insel, sondern auch an einigen anderen Stellen der Erde, unter anderem in Neuseeland, Argentinien und den US-Bundesstaaten Arizona und Kalifornien.

Kugeln am Strand: Golfbälle des Teufels? Murmeln von Außerirdischen? Diese mysteriösen Steine haben zu vielen Spekulationen Anlass gegeben.

Der Schriftsteller Christoph Ransmayr, der über ein beachtliches Körpermaß verfügt, steht neben einer zum Teil schon verwitterten Kugel. Ihr Durchmesser beträgt nach unserer Schätzung knapp drei Meter.

Ein schmaler Gletscherbach rauscht mitten durch das Kugelfeld auf der Champ-Insel. Diese Kugel hat einen Durchmesser von etwa 50 Zentimetern.

Moospolster am Flusslauf auf der Champ-Insel. Biologen haben auf dem Archipel des Kaiser-Franz-Joseph-Landes 72 verschiedene Moosarten gezählt.

Polarmohn (Papaver Polaris) in verschiedenen Varianten und Farben gehören zu den dominierenden Gefäßpflanzen, von denen es mindestens 57 im Kaiser-Franz-Joseph-Land gibt. Solche Mohnblumen sind bei fast allen Anlandungen zu finden, immer im Windschatten von Felsen und in der Nähe von Bächen und Tümpeln.

Fast wie eine Blumenwiese wirkt diese farbenprächtige Szenerie am Bachufer auf der Champ-Insel. Zwischen den Moosen leuchtet in kräftigem Rot der Steinbrech (Saxifraga oppositifolia), der gerade in voller Blüte steht.

Walrosse waren im Kaiser-Franz-Joseph-Land fast ausgerottet. Seit der Sperrung des Archipels 1928 durch die Sowjetunion hat sich der Bestand wieder auf etwa 2000 Tiere erholt. Walrosse überwintern auf den Inseln und auch auf dem Meereis. Im Mai werden die Jungen geboren. Bei Reisen im Juli haben wir nur wenige Walrosse angetroffen, bei späteren Fahrten im August deutlich mehr: Die Tiere halten sich im jetzt offenen Wasser und an den Stränden auf.

Die gewaltigen, furchteinflößenden Hauer – überdimensional entwickelte Eckzähne mit tief liegenden Wurzeln – dienen zum Aufbrechen der Eisdecke und erleichtern den Kolossen auch die Fortbewegung auf glattem und unebenem Gelände. Starke männliche Tiere werden bis zu vier Meter lang und eineinhalb Tonnen schwer, Weibchen bringen dagegen nur eine dreiviertel Tonne auf die Waage.

Walrosse kommen ohne Scheu und voller Neugier zum Schlauchboot, zur großen Freude der Passagiere. Drei Löcher in der Bootshaut und nasse Füße der Insassen waren das Ergebnis dieser seltenen Begegnung.

Diese Giganten des Polarmeeres können leicht bis zu 60 Meter Tiefe tauchen und leben von Muscheln, Meereswürmern und Fischen. Nach zehn Minuten Unterwasserjagd müssen die Tiere zum Atemholen wieder an die Oberfläche kommen.

Gefahren der Arktis

18. August

An unserem nächsten Landepunkt, Kap Heller auf Wilczek-Land, erfahren wir die dunkle Seite des hohen Nordens, das böse Tier aus heulenden Stürmen, durch Mark und Bein dringender Kälte und nachtschwarzem Abgrund.

Am Kap Heller sind noch heute, am Fuße eines Geröllhügels, zwei schmale Ovale aus aufgerichteten Felsbrocken zu sehen. Es sind die Überreste einer primitiven Hütte, über hundert Jahre alt, damals wohl kaum hüfthoch gebaut und nur mit Walrosshäuten als schützendem Dach bedeckt. Kaum vorstellbar, dass dort zwei Männer überwintert haben.

Die Geschichte hinter den unheimlichen Hüttenresten ist inzwischen bekannt. Zwei Norweger, Paul Bjørvik und Bernt Bentsen, hatten als Mitglieder einer amerikanischen Nordpolexpedition den Auftrag, ein hier am Kap Heller angelegtes Zwischendepot den Winter über zu betreuen. Obwohl zu diesem Depot auch Schlittenhunde gehörten, bekamen die beiden Männer von der Expeditionsleitung kaum Proviant für die Überwinterung zugeteilt. Auch der Brennstoff war knapp, deshalb wurde es in der »Hütte« nie wärmer als minus 20 Grad.

Irgendwann erkrankte Bentsen schwer und ahnte, dass er diese Strapazen nicht überleben würde. Er bat deshalb seinen Freund Bjørvik, ihn im Fall seines Todes nicht den Eisbären zu überlassen, die regelmäßig um das kleine Lager strichen. Schon mehrmals hatten die beiden direkt durch das dünne Dach aus Walrosshäuten auf sie geschossen.

Bentsen starb dann tatsächlich am 2. Januar 1899 – und da bei den extremen Temperaturen eine Beerdigung nicht möglich war und Bjørvik dem Freund sein Versprechen gegeben hatte, ließ er den toten Kameraden in dessen Schlafsack in der Hütte liegen und schlief zwei Monate Nacht für Nacht neben der Leiche.

Er hat auch noch die Kraft gehabt, in dieser Zeit Tagebuch zu führen – es gehört zu den erschütterndsten Dokumenten, die ich je gelesen habe. Über den Tod seines Kameraden schreibt er: »... für gewöhnlich sangen wir, wenn wir im Bett lagen und nicht schlafen konnten. Ich fand es nicht passend, fröhliche Lieder zu singen, während mein Freund mit dem Tode rang. Aber nun bat ich ihn doch zu singen, und eigenartigerweise fing er an, ein Weihnachtslied zu singen. Wenig später, um 4 Uhr 30 in der Früh, war er still ...«

Schier unglaublich ist das Ende der Geschichte: Paul Bjørvik überlebte! Als ihn andere Mitglieder der Expedition Ende Februar am Kap Heller fanden, wurden sie beinahe von ihm erschossen – weil der Geschwächte sie für angreifende Eisbären hielt. Offenbar war er, trotz allem, was er erlebt hatte, körperlich und geistig noch in einer so guten Verfassung, dass er ohne Zögern an der geplanten Schlittenexpedition Richtung Nordpol teilnahm. Die Reise wurde bei 82° Nord abgebrochen, blieb also erfolglos. Paul Bjørvik konnte nach sieben Monaten das erste Mal wieder in einem festen, beheizbaren Haus schlafen. Die einsame Ruhestätte seines Freundes liegt noch immer neben den Resten der Hütte – eines der nördlichsten Gräber der Welt.

Wieder einmal wird uns bewusst, wie gefährlich es in der Arktis sein kann. Und wir haben eine sehr konkrete Anschauung davon erhalten, unter welch unglaublich primitiven Bedingungen die Forscher und Pioniere damals ihre Reisen durchführten und welch hohes persönliches Risiko sie dabei eingingen.

Bewegt und ein wenig bedrückt beenden wir den Ausflug ans Kap Heller. Auch eine hölzerne Ehrensäule für alle Arktispioniere, die die Russen irgendwann hier aufgestellt haben, vermag die Kälte des Ortes nicht zu vertreiben. Die Säule strotzt vor tiefen Riefen, die von kräftigen Krallen und Zähnen eingekerbt wurden – Spuren des mächtigen Herrschers der Arktis.

Bei den Vorbereitungen für den Rückflug zum Schiff bekommen auch wir einen direkten Eindruck von den Gefahren hier draußen. Plötzlicher Seenebel, innerhalb von wenigen Minuten

Der Polarnebel zaubert eindrucksvolle Stimmungen in die kalte Welt aus Wasser, Eis und Himmel.

aufgezogen, hüllt alles um uns herum in wattefarbenes Nichts. Die Helikopter können nicht mehr nur auf Sicht geflogen werden. Chefpilot Alexander Dudin besteht darauf, den nächsten Schub Gäste jeweils erst dann auszufliegen, wenn sein Kollege mit dem landgehenden Helikopter deutlich vom Landeplatz auszumachen ist.

Der Rückflug zu unserem Schiff durch den dichter werdenden Nebel ist wirklich unheimlich. Der Weg erscheint einem – genau wie beim Tauchen, wenn die Luft knapp wird – viel länger als zuvor. Ständig wartet man darauf, das Schiff ausmachen zu können. Aber es kommt an diesem Nachmittag tatsächlich erst in Sicht, als wir nur noch 50 Meter von ihm entfernt sind. Der Pilot hat dabei nicht auch nur einen Moment an seinem Kurs gezweifelt! Sicher wie immer setzt Alexander seinen ME2 in einem einzigen gleichmäßigen Abwärtsbogen auf das Flugdeck – wir sind zu Hause!

18./19. August, nachts

Was ist das Besondere an Reisen in die Arktis? Ich denke in diesen Tagen viel darüber nach. Es ist wohl die Lust an der Wildnis, es ist das Erlebnis unbegrenzter Weite, das man hier genießen kann, es ist die Befriedigung einer tiefen Sehnsucht nach den essenziellen Gefühlen des Lebens. Eine wichtige Rolle spielt dabei sicherlich der Gegensatz zwischen vollkommener Geborgenheit, die man in der überschaubaren 16-Quadratmeter-Kabine spürt, und ungeahnter Freiheit, die sich beispielsweise in der grandiosen unbeschränkten 360-Grad-Rundumsicht von einem Eisberg aus bietet.

Die Klarheit eines arktischen Himmels ist unbeschreibbar – ebenso wie die Empfindungen, die durch sie ausgelöst werden. Nicht anders geht es einem bei den hundert verschiedenen Strukturen, die Eis besitzen kann. Dazu kristallin glitzernde Gletscher voll elementarer Kraft, Nebelfetzen über braunen Moränenlandschaften, große Möwenvögel, durch deren weit gespannte Schwingen die Sonne so hell scheint, dass man die Umrisse des Urvogels zu entdecken glaubt. Und was einen immer wieder fasziniert, ist eine tief in den Körper eindringende Stille. Eine Stille, die Platz lässt für die ganz kleinen Geräusche, für das Wispern einer Eisscholle vielleicht oder für das Atmen eines Gletschers, den Schlaf eines Berges.

Und nirgendwo spielt die Zeit eine solch unwichtige Rolle wie im arktischen Sommer. Wenn ein besonders schöner Tag nicht zu Ende gehen will, warum soll er? Wie durch einen Zauberspruch gibt es kein dunkles Tuch der Nacht, das eine Grenze markiert. Wir stehen um drei Uhr auf und fotografieren bis sechs. Nach dem Frühstück schlafen wir, um den Tag um zwölf neu anzufangen, der Nachmittag beginnt abends um zehn, die Nacht bleibt wieder hinter dem Horizont. Nur die Mahlzeiten geben dem Tagesablauf eine Struktur – und auch die lassen wir verstreichen, wenn anderes wichtiger ist.

Das Schiff und die für uns sichtbare Umgebung bilden in diesen Tagen unseren Kosmos. Nichts sonst. Wir sind der Mittelpunkt dieser augenblicklichen Welt und mit ihr zusammen weit weg wie in einer anderen Galaxie. Hier oben auf dem Dach der Erde wird man in manchen Stunden sogar, mit einem leichten Hauch, von der Ewigkeit berührt. Wer das einmal erlebt hat, wird verstehen, warum die Arktis süchtig macht.

Am Nachmittag nähern wir uns dem nördlichsten Punkt der Reise, der Rudolf-Insel mit dem berühmten Kap Fligely. Dieses Kap war der äußerste Punkt, den eine kleine Gruppe der österreichisch-ungarischen Expedition im April 1874 erreichte – angetrieben von Julius Payer, der sich verständlicherweise nicht die Chance entgehen lassen wollte, bis zum nördlichsten Punkt des neu entdeckten Landes vorzudringen, und doch immer in der Angst, die Kameraden auf der *Admiral Tegetthoff* niemals wieder zu sehen. Payer gelangte schließlich mit zweien seiner Begleiter bis zum Kap Fligely – nicht ahnend, dass sie es wirklich bis ans Ende des Kaiser-Franz-Joseph-Landes geschafft hatten.

Auch heutzutage, mit der schier unbegrenzten Kraft eines Eisbrechers, ist die auf 81° 50' Nord liegende Insel nicht immer zu erreichen. Viele Reisen durch den Archipel fanden schon weiter unten im Süden ihren Abschluss – ohne den Abstecher zu diesem nördlichsten Punkt. In unserem Sommer soll es endlich einmal wieder klappen.

Doch wir würden die Arktis noch einmal von ihrer rauen Seite kennen lernen! Sie schickt uns ein weiteres Mal ihre Eisarmeen entgegen. Fünfzehn Seemeilen vor der Insel wird das Eis so dick, dass auch der *Kapitan Dranitsyn* die Puste ausgeht.

Fast alle Passagiere verfolgen den Kampf am Bug oder auf dem Beobachtungsdeck. Auf der Brücke stehen sämtliche Offiziere mit dem Kapitän zusammen. Man hat zu diesem Zeitpunkt im Hochsommer nicht mehr mit so massivem Eis gerechnet.

Victor zeigt mir neben dem Maschinentelegrafen ein leuchtendes Schaubild, auf dem mit orangefarbenen Linien der Kraftfluss der sechs Dieselgeneratoren dargestellt wird. Ich sehe auch ohne Erläuterung, dass alle Generatoren laufen und ihre Energie auf die drei großen Hauptmaschinen leiten, die die Schiffswellen antreiben. Trotzdem ist deutlich zu merken, wie das Schiff an Fahrt verliert! Aus dem Schornstein entweichen schwarze Dieselwolken, am Heck brodelt das Schraubenwasser halbmeterhoch – das ganze Schiff schüttelt sich, aber es hilft nichts. Trotz der Kraft von fast 25 000 PS kommt unser mächtiger Eisbrecher keinen Zentimeter mehr voran. Walter dreht mit seiner Kamera an allen Ecken, damit wir das Manöver später aus verschiedenen Perspektiven zeigen können. Wir freuen uns natürlich über aktionsgeladene Bilder, aber zugleich sind wir auch etwas geschockt. Selbst mehrere Manöver erst zurück und dann wieder vorwärts, um wieder Fahrt aufzunehmen, enden nur wenige Meter hinter der Marke, wo wir kurze Zeit vorher feststeckten. Zeigt uns die Arktis jetzt, wo unsere Grenzen liegen?

Von Victor erfahren wir, dass das uns umgebende Eis eigentlich kein Problem darstellt – es ist weniger als zwei Meter dick, also noch zu knacken. Das Problem scheint eine Art Zusammenfaltung verschiedener Eisschichten zu sein, die vielleicht durch eine starke Strömung übereinander geschoben wurden. Eingeschlossener Schnee mag wie ein arktischer Frostleim das Ganze zusammengebacken haben – vor der *Dranitsyn* erstreckt sich ein unüberwindbar scheinender Gürtel aus Eis. Dass die Schiffsmaschinen jetzt fast ganz heruntergefahren werden, ist noch ein wenig deprimierender. Geben wir auf – oder »denkt« das Schiff nach?

Zwar nicht das Schiff, aber die Experten an Bord. Männer wie Chefingenieur Michail Gladin haben immer noch ein paar Tricks auf Lager. Er verlässt die Brücke, um diese Tricks auszupacken. Kameramann Walter und wir anderen dürfen mit.

Fünf Minuten später befinden wir uns im technischen Leitstand – schon unterhalb der Wasseroberfläche direkt neben den weiten Katakomben des Maschinenraums. Diese Technikzentrale ist beeindruckend groß – etwa fünfzehn Meter lang und fünf Meter breit. Die Wände sind bedeckt mit Schaltschränken, Anzeigetableaus und blinkenden Schalterreihen.

Michael Gladin macht es offenbar eine diebische Freude, die letzten Geheimnisse seines Schiffes zu präsentieren. So hat er doch tatsächlich einen Zeigestock hervorgeholt und erläutert uns vor laufender Kamera die Möglichkeiten eines Eisbrechers, sich auch aus einem nahezu undurchdringlichen Eisgürtel zu befreien. Dabei nimmt er sich alle Zeit der Welt, als gäbe es überhaupt kein aktuelles Problem.

Er zeigt auf einige Druckanzeigen: »Wir können zum Beispiel vom Unterwasserschiff aus einen Blasenvorhang aus komprimierter Luft ausstoßen. Der steigt dann am Schiff hoch und drückt das Eis einige Zentimeter vom Bug weg. Das schafft uns kurzzeitig ein bisschen Bewegungsfreiheit und macht uns geschmeidiger. Außerdem können wir mit Hilfe großer Pumpen Ballastwasser von mehreren Tonnen Gewicht in einem System von Tanks ziemlich schnell verteilen. Das bringt uns dort, wo wir Masse brauchen, mehr Gewicht. Wir können durch geschicktes Pumpen aber auch die Krängung, also die Neigung des Schiffes verändern und uns quasi durch Bewegung um die eigene Achse aus einem Eispanzer herauswinden. Außerdem«, beendet er stolz seine kleine Privatvorlesung, »außerdem können wir unsere Maschinen kurzfristig auch auf 120 Prozent hochfahren – und das probieren wir jetzt alles mal aus.« Weiter will er sich aber nicht in die Karten schauen lassen und schickt uns wieder nach oben, damit wir den Erfolg seines Manövers an Deck beobachten können.

Zehn Minuten später geht ein Rumpeln durch das Schiff. Einmal mehr brodelt schwarzer Rauch über dem mächtigen Schornstein mit dem Eisbäremblem. Die *Kapitan Dranitsyn* erwacht wieder zum Leben. Das Wasser brodelt jetzt auch unterhalb des Vorschiffs. Michail Gladins Blasenvorhang zeigt Wirkung! Langsam drehen die Schrauben rückwärts und ziehen unser Schiff wie einen 14 000 Tonnen schweren Rammbock zurück. Am Bug gurgelt das schwarze Wasser. Dort wo wir eben noch lagen, ist deutlich der Abdruck unseres stahlbewehrten Stevens zu sehen. Länger und länger wird die Strecke vor dem Schiff – die *Kapitan Dranitsyn* nimmt regelrecht Anlauf.

Einen Augenblick lang scheinen die Maschinen erneut zu ersterben, dann erwachen sie wieder brüllend zum Leben. Die Decks vibrieren so, dass die Kamera auf dem Stativ kaum zu halten ist, hüpfend macht sie sich auf in Richtung Reling. Das Schiff scheint nach der Rückwärtsfahrt auf der Stelle zu stehen, bebend vor Kraft, bevor es zunächst unmerklich und dann ganz deutlich Fahrt aufnimmt. Durch die ungeheure Kraftentfaltung in dem engen Kanal stürzen die Bug- und Heckwellen übereinander, spritzen fast zwei Meter hoch und schlagen wie Brandung über die seitliche Eiskante des Kanals. Unser Schiff fährt mit äußerster Kraft auf die Eisbarriere zu und presst sich in die weiße Mauer. Die Luft dröhnt vor abgegebener Energie, dass es Kopfschmerzen macht. Wieder wird das Schiff stark abgebremst, aber nur bis auf Schritttempo. Dann merkt man, dass das Schiff Halt gewinnt wie ein Sumo-Ringer, der seinen Griff im richtigen Winkel angebracht hat. Das Eis bewegt sich! Das Tempo bleibt konstant, Zentimeter für Zentimeter schieben wir uns durch die aufgetürmte Eisbarriere, bis plötzlich vor dem Schiff eine gezackte Bruchlinie aufspringt und einen schmalen Streifen Wasser freigibt – wir haben es geschafft, und auf allen Decks dröhnt aus russischen Kehlen ein kräftiges dreifaches »Hurrä, Hurrä, Hurrä«.

Kap Fligely und dahinter das Nichts

19. August, nachmittags

Drei Stunden später landen wir tatsächlich mit den Helikoptern auf der nördlichsten Insel von Kaiser-Franz-Joseph-Land, der Rudolf-Insel. Auf der Hochebene, auf der man uns abgesetzt hat, stoßen wir auf weite, flache Geröllfelder. Ein unangenehmer Wind weht und treibt kleinere Nebelfetzen vor sich her. Wir ziehen die Kapuzen hoch oder drücken die Mützen tiefer in die Stirn. Es gibt schönere Orte in diesem Archipel!

Aber als wir die großen russischen Gedenktafeln sehen, auf denen die österreichischen Polarpioniere geehrt werden, lassen wir uns dann doch schnell von der Besonderheit des Ortes einfangen. Zwischen hier und dem Nordpol ist nur noch das Nichts.

Am Ende des Plateaus entdecken wir die kaum meterhohe Steinpyramide, die Julius Payer und zwei seiner Begleiter hastig errichteten, bevor sie fluchtartig den Weg Richtung Süden antraten. Ehe sie das Kap verließen, das nach einem österreichischen Feldmarschall benannt ist, hissten sie noch die Flagge Österreich-Ungarns. Daneben deponierten sie in einer Felsspalte, verwahrt in einer Flasche, ein Schriftstück mit den wichtigsten Daten ihrer Mission, ausgestellt am 12. April 1874.

Hier also endete die fast unglaubliche Entdeckungsreise unserer Vorgänger, die vor gut 130 Jahren dieses Archipel in der Hohen Arktis betraten und erforschten. Und hier endet auch unsere Entdeckungsreise zu den »vergessenen Inseln im Eis«.

Klaus und ich stehen noch lange, in Gedanken versunken, an der Steinpyramide. Dann zieht Klaus eine kleine Glasphiole mit einer braunen Flüssigkeit aus dem Anorak – es ist ein österreichischer Pflaumenbrand aus der Alpenregion, die Julius Payer als junger Mann bei seinen zahlreichen Klettertouren so geschätzt hatte. Ein würdiger Tropfen, um damit an diesem magischen Ort auf das Wohl aller 24 Mitglieder der österreichisch-ungarischen Nordpolexpedition von 1872 bis 1874 anzustoßen.

»Proscht, Peter«, lässt sich Klaus dazu passend in seinem Westallgäuer Dialekt vernehmen. Die anderen Passagiere schauen ein wenig verwirrt, als wir beide feierlich das Fläschchen heben und uns dann lange in den Armen liegen. Einen guten Schluck verteilen wir noch auf der Steinpyramide von Julius Payer, dann hören wir, dass mit einem langsamen Heulen das erste Triebwerk der Helikopter anläuft ...

Abschied

23. August

Vier Tage später stehen wir am Kai von Kirkenes, unserem Ausgangshafen. Die Reise zu den vergessenen Inseln im Eis ist vorbei. Die Arktis liegt hinter uns – es bleiben hunderte von Eindrücken, die erst verarbeitet werden müssen. Unser Gepäck liegt bereits zu einem großen Haufen getürmt vor dem Schiff – wir wollen in dieser Stimmung noch die Schlussmoderation für unsere Sendung drehen.

Als wir fertig sind, können wir schon das Ablegemanöver der *Kapitan Dranitsyn* verfolgen. Der Eisbrecher und seine 49-köpfige Crew fahren zurück nach Russland, um nun wieder offizielle Aufträge zu erledigen. Das Schiff und seine Menschen sind uns ans Herz gewachsen – es war während der Reise schnell auch unser Zuhause geworden.

Wir brüllen unseren neuen russischen Freunden Abschiedsgrüße zu. Alle stehen draußen auf Deck und winken uns: die Offiziere, die Stewards aus dem Restaurant, der dicke Koch mit seiner Truppe, die Piloten sowie die Matrosen und Bootsführer.

Wir winken zurück, und plötzlich schallt ein kräftiges »Hurrä-Hurrä-Hurrä« durch den Hafen. Dazu werfen die Besatzungsmitglieder und wir als gegenseitige Ehrenbezeugung unsere Mützen hoch in die Luft.

Oben am Brückenfenster ist eine dunkle, schlanke Gestalt zu erkennen – der Kapitän, zu dem wir leider als Einzigem keinen rechten Kontakt aufbauen konnten. Er hebt grüßend die Hand, dann lässt er drei Mal den großen Typhon des Schiffes ertönen, so laut, dass selbst die lärmenden Hafenmöwen verstummen und uns allen ein Schauer den Rücken hinabläuft – die *Kapitan Dranitsyn* hat uns Lebewohl gesagt ... hoffentlich wird ein Wiedersehen daraus.

Nachbemerkung: Ich habe dieses Tagebuch auf meinen beiden Reisen zum Kaiser-Franz-Joseph-Land in den Jahren 2003 und 2004 geschrieben. Im ersten Jahr produzierte ich mit meinem Kamerateam eine Sendung für den NordseeReport, das Jahr darauf habe ich diese Tour noch einmal mit meinem Freund Klaus, einem fröhlichen Allgäuer, gemacht. Ihm verdanke ich so manche Anregung und Beobachtung. Die Freundschaft zu Helfried, dem Fotografen dieses Buchs, entstand bereits während der ersten Reise.

Der Polarnebel wird in den Wellen reflektiert und filtert die grellen Sonnenstrahlen, sodass diffuse Lichtstimmungen entstehen. Die Erstreckung dieser Nebel ist oft scharf abgegrenzt; hier scheint an Backbord die Sonne, an Steuerbord liegt dichter Nebel.

Kap Frankfurt heißt das Ostkap der Hall-Insel (rechts). Der markante Pur kt an der Austria-Straße wurde von Julius Payer und Karl Weyprecht nach der Stadt benannt, in der am 23. Juli 1865 der erste große deutsche Geographentag stattfand. Auf dieser Zusammenkunft wurden die ersten beiden deutschen Nordpolexpeditionen angeregt. Links ist die Bergkauz-Insel zu sehen. Das Bild entstand um Mitternacht.

Die *Kapitan Dranitsyn* »ankert« unmittelbar vor einem Eisberg, der auf Grund gelaufen ist und den wir vom Bug aus mit unseren Händen berühren können: Arktis zum Anfassen.

Kap Heller auf Wilczek-Land, wo die beiden Norweger Paul Bjørvik und Bernt Bentsen im Winter 1898/99 monatelang ausharrten und das von der amerikanischen Wellman-Nordpolexpedition angelegte Zwischendepot bewachten. Bentsen starb am 2. Januar 1899, Bjørvik ließ seinen Leichnam noch zwei Monate neben sich in der primitiven Steinhütte liegen, um ihn vor den Eisbären zu schützen. Hier steht unsere »Eisbärenwache« vor dem Bentsen-Grab.

Vom Kap Heller sieht man auf die nahe gelegene Wiener-Neustadt-Insel, rechts im Bild das Kap Tirol.

Das Kap Norwegen liegt im Süden der Jackson-Insel, jenseits des 81. Breitengrads. An diesem Kap haben Fridtjof Nansen und Hjalmar Johansen den Winter 1895/96 in einer Steinhütte verbracht, die eher den Namen Steinhöhle verdient hätte. Die beiden Polarforscher hatten ihr Schiff, die *Fram*, am 14. März 1895 verlassen, um mit Hundeschlitten den Nordpol zu erreichen. Bei 86° 15' Nord wurden die beiden Männer durch die Eisdrift zur Umkehr gezwungen, am 13. August betraten sie das Kaiser-Franz-Joseph-Land, ohne genau zu wissen, wo sie sich befanden.

Bizarre Eisformationen im strahlenden Licht der Polarsonne.

Fridtjof Nansen und Hjalmar Johansen bauten am südlichen Strand der Jackson-Insel eine Überwinterungshütte. Da sie kein ausreichendes Werkzeug dabeihatten, gruben die beiden Norweger ein Loch in die Erde, über das ein Baumstamm – Treibholz aus Sibirien – gelegt wurde. Darüber spannten sie Robbenhaut als schützendes Dach. Für die Überwinterung wurde ein guter Vorrat an Eisbärenfleisch angelegt, sodass beide Männer trotz ihrer unglaublichen Entbehrungen an Gewicht zunahmen. Über dem Steinloch liegt noch immer der Treibholzbalken.

Diese Aufnahme entstand unmittelbar vor Nansens »Hütte«. Das war also der Blick der beiden einsamen Männer hinaus in die Arktis – solange es noch Licht gab. Am Horizont leuchten die Gletscher der Payer-Insel herüber.

Kap Fligely, der nördlichste Punkt der Rudolf-Insel und damit des gesamten Kaiser-Franz-Joseph-Landes.

Diese Steine wurden von Julius Payer und seinen Begleitern, Schiffsfähnrich Eduard Orel und Matrose Antonio Zaninovich, am Kap Fligely aufgeschichtet. In den Steinmann legte Payer ein Schriftstück, wohlverwahrt in einer Flasche, in dem er über die Situation, in der sich die Expedition befand, berichtete.

Die vergessenen Inseln im Eis: Die Spuren unseres Besuchs sind nach unserer Abreise bald verweht.

Die Entdeckung des Kaiser-Franz-Joseph-Landes

Der nördlichste Archipel der Welt, erst im letzten Drittel des 19. Jahrhunderts entdeckt, ist bis heute weithin unbekannt geblieben. Und nur wenige wissen, dass es Mitglieder einer österreichischen Expedition waren, die dieses fremde Land im hohen Norden als Erste betraten. Selbst in umfangreicheren Anthologien über die Entdeckungsgeschichte der polaren Gebiete fehlt oft das Kapitel über die in jeder Hinsicht außerordentliche Reise, die von Männern unternommen wurde, die größtenteils aus dem Süden Europas kamen. Dieses Kapitel erzählt vor allem die Geschichte von zwei kühnen Pionieren, die die 22 weiteren Teilnehmer der »österreichisch-ungarischen Nordpolexpedition« weit über das damals bekannte Ende der Welt hinaus in fremde Eiswüsten führten und nach zwei schweren Jahren unbeschadet und gesund wieder nach Hause brachten. Nur ein Mitglied der Expedition – der Maschinist Otto Krisch – blieb im Eis.

Diese logistische und navigatorische Glanzleistung war nur möglich, weil die beiden Kommandanten der Expedition, Karl Weyprecht und Julius Payer, ungewöhnliche charakterliche Fähigkeiten besaßen und eine besonders ausgeprägte Führungskraft. Wer waren diese Männer, die die letzte größere unbekannte Region unserer Erde entdeckten?

Karl Weyprecht wurde 1838 in Darmstadt geboren und diente später in der österreichischen Kriegsmarine, wo er sich durch großen Wagemut hervortat und sich bis zum Linienschiffleutnant hocharbeitete. Er war der verantwortliche Expeditionsleiter und als erfahrener Seemann vor allem für den nautischen Teil des Projektes zuständig.

Der 1841 geborene Julius Payer stammte aus Böhmen. Genau wie Weyprecht schlug auch er zunächst eine militärische Karriere ein, nebenher ging er seiner großen Leidenschaft nach: der Besteigung und Erforschung verschiedener Berggipfel in den Ostalpen. Er hatte schon vor der großen gemeinsamen Expedition Polarerfahrung gesammelt, als Mitglied einer deutschen Nordpolarexpedition nach Grönland in den Jahren 1869/70. Deshalb sollte er auf der Reise die Landexkursionen und Schlittentouren leiten.

Nach der Auswertung der offiziellen Expeditionsberichte und vor allem der persönlichen Tagebücher ist darüber spekuliert worden, wie sich zwei solche charismatischen Persönlichkeiten, die sich fast alle wichtigen Führungsaufgaben teilten, vertragen haben mögen – zumal beide offenbar grundverschieden waren. Weyprecht wurde als »trocken« und »pedantisch« beschrieben, Payer hingegen als »fantasiebegabt« und »ungeduldig«, er galt als »leicht zu verletzende Künstlernatur« – die zwei Männer besaßen also Charaktereigenschaften, die nicht gut zusammenpassen. In einigen Texten, die sich mit der Entdeckung des Kaiser-Franz-Joseph-Landes beschäftigen, wird denn auch das Verhältnis der beiden als konfliktbeladen, mitunter als geradezu hasserfüllt beschrieben. Die Quellen scheinen mir aber eher nahe zu legen, dass Weyprecht und Payer »neben einigen Reibereien« im Großen und Ganzen gut auskamen.

Unbestritten ist jedenfalls, dass die beiden Expeditionsleiter ihre Aufgaben mit einem Höchstmaß an »Professionalität«, wie wir heute sagen würden, erfüllten. Und das schließt eben

Der Mond mit seinem Hof.

auch ein, dass sie, trotz ihres unterschiedlichen Temperaments, alle Möglichkeiten einer guten, fruchtbaren Zusammenarbeit nutzten.

Man geht heute davon aus, dass vor allem dieser gegenseitige Respekt und die kluge Menschenführung an Bord und im Eis des Kaiser-Franz-Joseph-Landes die Hauptgründe für den Erfolg der gesamten Unternehmung waren. Offenbar hatte es niemals zuvor eine Arktisexpedition gegeben, die, was das Verhältnis der »Chefs« zu den nachgeordneten Steuerleuten, Matrosen und Schlittenführern betrifft, so harmonisch abgelaufen war. In fast allen Berichten über solche Reisen, die extreme Anforderungen an die beteiligten Menschen stellen, ist von Streitigkeiten und Missstimmungen die Rede, ja sogar von konfliktreichen Situationen, die fast bis zur Meuterei reichten.

Nicht so an Bord der *Admiral Tegetthoff*. Dort stiegen die Matrosen fröhlich singend in die Takelage, und selbst in den härtesten Situationen herrschte offenbar eine durch nichts zu trübende positive Grundstimmung, die Mannschaft und Expeditionsleitung zu einer immer schlagkräftigen, niemals verzagenden Gemeinschaft zusammenschweißte.

Dabei hatte sich Karl Weyprecht ganz bewusst über sämtliche Erfahrungen anderer Polarpioniere hinweggesetzt und fast ausschließlich Männer für dieses Arktisabenteuer angeheuert, die niemals zuvor in ihrem Leben im hohen Norden gewesen waren oder gar wussten, was auf sie zukommen würde. Auf der Heuerliste standen durchweg Südländer aus Dalmatien, Istrien und Italien, die eine Welt aus Eis nur von Erzählungen kannten: Menschen, deren unbekümmerte Fröhlichkeit der Kommandant aber über alles stellte. »Sie sind gesunde, kräftige, findige und, was das kostbarste ist, heitere Menschen. Sie werden ihre Leichtblütigkeit, ihren guten Humor auch in mißlichen Lagen nicht verlieren. Sie werden fluchen und beten, schimpfen und singen, aber sie werden arbeiten und nie die Flügel hängen lassen.«

Genau diese Entscheidung, so weiß man heute, ermöglichte schließlich den glücklichen Ausgang der Unternehmung.

Die Vorbereitung der Expedition

Eine weitere wichtige Voraussetzung bildete die gute Vorbereitung der Reise und die exzellente Ausrüstung – beides war längst nicht bei allen Arktisexpeditionen der Fall. Um abzuklären, welche Möglichkeiten es überhaupt gab, durch das arktische Eis weiter in den Norden vorzustoßen, hatten Karl Weyprecht und Julius Payer bereits im Sommer 1871 gemeinsam eine Vorexpedition auf dem gecharterten Kutter *Isbjörn* unternommen. Auf dieser so genannten »Recognoscierungsfahrt« über Spitzbergen bis zur russischen Doppelinsel Nowaja Semlja gewannen sie wertvolle Erkenntnisse über die Eisverhältnisse in dieser Region.

Die auf der berühmten Tecklenborg-Werft in Bremerhaven dann eigens für diese Unternehmung gebaute *Admiral Tegetthoff* – eine knapp 34 Meter lange Dreimastschonerbark – gilt als das modernste Expeditionsschiff seiner Zeit, und für die zu erwartenden Landexkursionen waren die Männer technisch wie auch hinsichtlich ihrer Kleidung bestens ausgestattet.

Anders als viele englische Expeditionsleiter, die lange Zeit zu arrogant schienen, um sich die Erfahrungen der Inuit, der Ureinwohner der polaren Regionen, zunutze zu machen, setzte Julius Payer auf von ihnen erprobte Kleidung und auf Hundeschlitten als das beste Fortbewegungsmittel.

Ein Blick in die langen Listen der damaligen Ausrüstung zeigt freilich, dass es sich bei diesen Gegenständen – Zelte, Schlafsäcke, Kleidung, Essen etc. – nach heutigen Kriterien um eher primitive Dinge handelte. So ausgerüstet würden wir nicht einmal zu einer längeren Winterwanderung im Mittelgebirge aufbrechen. Der Respekt, den man diesen Männern zollen muss, wird dadurch allerdings nur noch größer.

Und dann das Essen: Aus der Ladeliste der *Admiral Tegetthoff* geht hervor, dass kulinarische Höhepunkte nicht eingeplant waren. Als Hauptnahrung wurden 17 000 Pfund Brot an Bord genommen, ferner 5000 Pfund Schokolade, 2000 Pfund Erbswürste, 1400 Pfund Pemmikan (gut haltbares Dörrfleisch, das mit Fett und eventuell mit Beeren oder anderen Früchten vermischt wird) und – wohl als Verbeugung vor den mediterranen Teilnehmern – 7000 Pfund Makkaroni. Alles in allem hatte man gut vorgesorgt – die *Admiral Tegetthoff* sollte mit rund 30 Tonnen Überlast starten.

Dass Karl Weyprecht und Julius Payer auf eine in qualitativer und quantitativer Hinsicht so hervorragende Ausrüstung zurückgreifen konnten, wundert nicht. Ein ganzes Volk hatte schließlich für diese österreichisch-ungarische Expedition gespendet. Viele Menschen in der Doppelmonarchie wollten mit ihrem Beitrag wissenschaftliche Großtaten ihres Landes ermöglichen. Die Polarregion nördlich von Nowaja Semlja war noch völlig unbekannt. Eifrig diskutiert wurde damals die These des deutschen Geographen August Petermann, der davon ausging, es gebe jenseits eines Eisgürtels ein offenes, schiffbares Meer um den Nordpol. Weyprecht und Payer waren Anhänger dieser Theorie und auch persönlich bekannt mit dem Geographen. Weyprecht hatte Petermann 1865 bei dem ersten deutschen Geographentag in Frankfurt am Main kennen gelernt, und Payer war von ihm zur deutschen Nordpolexpedition 1869/70 eingeladen worden. Die österreichisch-ungarische Expedition sollte nun unter anderem diese Theorie Petermanns überprüfen und dabei vielleicht sogar die so lange vergeblich gesuchte Nordostpassage finden.

Der Stolz, bei diesem Ereignis von nationalem Rang dabei zu sein, war damals in allen Schichten Österreich-Ungarns anzutreffen. Natürlich kamen die größten Spenden aus dem Adel, der Hochfinanz und Industrie. Aber auch die so genannten »kleinen Leute« wollten ihren Teil dazutun. So spendete unter anderem die Köchin Magdalena Nowak 60 Kreuzer »für ein paar Kohlen«. Die größten Einzelbeträge allerdings reichten bis 20 000 Gulden; insgesamt kam die erstaunliche Summe von über 200 000 Gulden zusammen – rund 1,8 Millionen Euro.

Und das Geld wurde auch schnell aufgezehrt. Der größte Einzelposten war die Maschine. Sie kostete mit 32 000 Gulden mehr als die Hälfte des ganzen Schiffs. Nur zum Vergleich: Ein Lehrer bekam damals 400 Gulden als Jahresgehalt.

Was hätten die Finanziers wohl gesagt, wenn sie gewusst hätten, dass gerade diese so aufwändige und teure Maschine beim Hauptteil der Reise nutzlos sein sollte, weil das Schiff im Eis gefangen war ...

Der Beginn der Reise

Die Mannschaft fuhr mit dem Zug nach Bremerhaven, wo das Expeditionsschiff übernommen wurde. Die eigentliche Reise ins Eis aber begann vom norwegischen Tromsø aus.

Ohne großartige Abschiedsfeier verließen die 24 Männer, acht Hunde und zwei Katzen (erst in Tromsø an Bord genommen) am frühen Morgen des 14. Juli 1872 den Hafen – die Reise ins Unbekannte hatte begonnen. Es war eine Reise ohne Rückversicherung; im Gegenteil, die beiden Kommandanten hatten vor dem Auslaufen sogar eine Verzichtserklärung unterschrieben: Wenn die *Admiral Tegetthoff* verschollen wäre, sollte keine Suchaktion gestartet werden, um nicht weitere Menschenleben zu gefährden. Die Entscheidung, mit ihrer Unterschrift wirklich alle Brücken hinter sich abzubrechen, zeigt, wie mutig diese Männer waren und welches Vertrauen sie in sich, das Schiff und ihre bunt gemischte Mannschaft hatten.

Nur eines konnten Weyprecht und Payer trotz ihrer so sorgfältigen Vorbereitung nicht planen: das Wetter und damit das Eis! Die Expedition rechnete damit, in den ersten Wochen noch unbehindert in Richtung Nordosten vorstoßen zu können und recht problemlos eine geographische Breite von 78° Nord zu erreichen, wie es in anderen Jahren durchaus möglich gewesen wäre und wie sie es bei ihrer Vorexpedition auch geschafft hatten.

In diesem Sommer aber sank schon am 23. Juli – nur eine gute Woche nach dem Auslaufen – fast schlagartig die Temperatur, was auf die Nähe von Eis hindeutete. Zwei Tage später kam es in Sicht.

Zunächst blieben die Reisenden optimistisch. Payer notierte: »... säumten wir nicht mit der Annahme, daß wir es noch nicht mit dem geschlossenen Eismeere selbst zu tun hätten, sondern mit einem Schollenkomplex, der vielleicht aus dem Karischen Meer herausgetrieben war.«

Doch auch diese Annahme sollte sich als falsch erweisen. Schon bald mussten die Expeditionsteilnehmer erkennen, dass sie sich bereits im Griff einer bis zum Horizont reichenden Eisfläche befanden, deren einzelne Partien sich immer mehr zusammenschlossen. Die Enttäuschung war groß: Ausgerechnet in diesem Jahr reichte die frostige Barriere bereits im Hochsommer sehr weit südlich und schien ihre Pläne schon früh zu vereiteln.

Dennoch blieb die Stimmung an Bord der *Tegetthoff* gut, und man segelte auf dem alten Kurs durch das dichter werdende Eis. Wenige Tage später musste aber bereits der Kessel der Dampfmaschine angeheizt werden, weil der Schub durch die Segel nicht mehr ausreichte. Auch kleinere Kollisionen und schwerere Stöße waren nicht mehr zu vermeiden. Immer öfter musste die hölzerne *Tegetthoff* mehrfach gegen eine Eisbarriere anrennen, bevor dann doch ein Durchgang erzwungen werden konnte. Die Mannschaft arbeitete trotzdem unbekümmert weiter, nicht ahnend, dass ihr so verlässliches Schiff schon sehr bald für immer im Eis eingeschlossen sein würde.

Frühes Ende

Nur sechzehn Tage nach dem so optimistischen Aufbruch saß das Schiff fest.

Bei Windstille und Nebel versuchten die Männer, eine dicke Scholle vor dem Bug, welche die Fahrt so abrupt gestoppt hatte, zu zerbrechen. Aber es wollte nicht gelingen, obwohl Eisanker ausgebracht wurden, an denen Zugseile befestigt waren, und andere Besatzungsmitglieder mit dicken Eisstangen versuchten, die arktische Sperre zu beseitigen.

Erst zwei Tage später half eine frische Brise, die das Eis in Bewegung setzte, die *Admiral Tegetthoff* wieder flott zu machen. Genau wie mit einem Eisbrecher rammte die Mannschaft ihr Schiff immer wieder mit voller Fahrt gegen die weiße Mauer – bis die Barriere endlich gesprengt und offeneres Wasser erreicht wurde. »Ein Eisgürtel von einhundertfünf Meilen liegt hinter uns«, notierte Payer erleichtert.

Allerdings war dieser Befreiungsschlag nicht von Dauer. Immer wieder fuhr sich das Expeditionsschiff fest und konnte sich nur mit Glück und mitunter günstig auffrischenden Winden kurzfristig befreien. Wieder und wieder veränderte Leutnant Weyprecht den Kurs, um besser schiffbares Wasser zu finden.

In der Nacht zum 21. August versperrten weitere Eisbarrikaden den Weg. Einige Männer verankerten den Schoner an einer Scholle, um die Lage zunächst zu beraten – und dann ging es offenbar sehr schnell. »Fast unmittelbar nach dem Festmachen an jener Scholle drängte das Eis von allen Seiten heran und schloß uns völlig dicht ein«, beschrieb Payer die bald hoffnungslose Situation.

Ahnten sie da schon, dass sie fortan verdammt sein würden, willenlos den Launen des Eises folgen zu müssen, »... daß das Schiff niemals wieder seinen Beruf werde erfüllen können, daß alle Erwartungen, mit welchen unsere Freunde vor wenigen Stunden noch die ›Tegetthoff‹ nach Norden dampfen sahen, schon jetzt eitel und vernichtet waren, damit auch unsere stolzen Hoffnungen – daß wir nicht mehr Entdecker waren, sondern unfreiwillige Passagiere des Eises?«

Diese Befürchtungen Payers sollten sich leider bewahrheiten. Das Expeditionsschiff lag zu diesem Zeitpunkt auf 76° 22' Nord, also noch südlich von Spitzbergen, und würde diese Position niemals wieder aus eigener Kraft verlassen können. Das Eis selbst, das die Männer und ihr Schiff eingefangen hatte, sorgte ab jetzt für die Weiterreise. Nicht mehr die Entdecker hatten das Sagen, die Arktis bestimmte fortan Kurs und Geschwindigkeit. Die für die damalige Zeit technologisch überragende *Admiral Tegetthoff* schrumpfte zu einer Art Schutzhütte in der unendlich scheinenden Eiswüste.

Wie man den Aufzeichnungen des für Kurs und Fahrt verantwortlichen Kapitäns Karl Weyprecht entnehmen kann, scheint ihn das Einfrieren seines Schiffes am meisten getroffen zu haben. Lange haderte er mit seiner Entscheidung, das Schiff stoppen zu lassen und es nicht in dauernder Bewegung gehalten zu haben. Natürlich war der Schoner deshalb im Eis gefangen, aber auch bei ständiger Weiterfahrt unter stärkstem Dampf wäre wenig später Schluss gewesen. Für einen erfahrenen Kapitän wie den Schiffsleutnant jedoch war es ein Erlebnis, das ihn tatsächlich in seiner Ehre verletzte.

Der Mannschaft gegenüber ließ er sich davon allerdings nichts anmerken. Genau wie Payer wusste er, dass niemand an Bord in dieser heiklen Lage einen Kommandanten mit Selbstzweifeln brauchen konnte. Wie es beide, Payer und Weyprecht, in dieser und auch in allen zukünftigen Grenzsituationen immer wieder schafften, ihre Selbstdisziplin nicht aufzugeben, Ruhe zu bewahren und mit Herzlichkeit und Wärme ihren Männern ein Gefühl der Sicherheit zu geben, bleibt letztlich ein Geheimnis. Dass sie diese Fähigkeiten besaßen und in den kommenden Wochen und Monaten stets aufs Neue unter Beweis stellten – darin zeigt sich, dass hier zwei Ausnahmecharaktere aufeinander trafen, die den Männern der Expedition als »Leitsterne« dienen konnten, denen sie überall hin folgten.

Die Geduld und Nervenstärke aller waren in den kommenden Monaten fortwährend gefordert, sei es durch gefährliche Angriffe hungriger Polarbären oder durch die furchteinflößenden Eispressungen, die immer wieder die bange Frage aufwarfen: Hält das Schiff?

In den lebendigen und oft auch sehr lyrischen Tagebuchaufzeichnungen beschreibt Julius Payer solche Situationen höchst eindrücklich: »Wie die Volksmenge bei einem Aufstand, so erhob sich jetzt alles Eis wider uns. Drohend entstanden Berge aus vormals ebenen Flächen, aus leichtem Ächzen entstand ein Klirren, Brummen, Brausen, gesteigert bis zu tausendstimmigem Wutgeheul. Wie unzählige Teufel, aber gekleidet in das (weiße) Gewand der Unschuld, schreiend, hohnlachend war alles Bewegung und Lärm geworden, Schritt für Schritt nahte das Verderben im Zerprasseln der Eisfelder.«

Mehrfach war die Besatzung kurz davor, das Schiff bei solch gewaltigen Eispressungen zu verlassen. Doch auch wenn der Druck die Planken, Balken und Spanten erzittern ließ – die *Tegetthoff* hielt stand! Ihre Konstrukteure hatten dem Schiff eine sehr eistaugliche Rumpfform verpasst. Die vom Kiel ausgehende Rundung war so ausgelegt, dass das gesamte Schiff bei seitlichem Eisdruck nach oben ausweichen konnte – etwa wie ein Olivenkern zwischen Daumen und Finger. Die *Tegetthoff* geriet dabei zwar öfter in gefährliche Schräglage, entkam aber immer wieder der sonst mit Sicherheit tödlichen Umarmung des Eises. Die Besatzung fasste nach den erfolgreich bestandenen Bewährungsproben schließlich so viel Vertrauen zu ihrem Schiff, dass am 4. Oktober sogar fröhlich der Namenstag des Kaisers gefeiert wurde. Die *Admiral Tegetthoff* war festlich beflaggt, und auf dem Eis fand ein Scheibenschießen statt, woran jeder sich beteiligen und auch etwas gewinnen konnte.

An Bord der *Tegetthoff* während einer Eispressung.

Gefangene im Eis

Immer kürzer wurden die Tage nun, immer glühender ging die Sonne unter, immer dunkler wurden die Nächte und gaben einen Vorgeschmack auf die bevorstehende Polarnacht, die den Männern neue Geduld und noch mehr Beherztheit abverlangte. Um die Gleichförmigkeit der Tage zu durchbrechen und eine sinnvolle Beschäftigung neben der Jagd zu haben, kamen die Männer auf die Idee, rings um das Schiff Häuser aus Eis und Schnee zu bauen. Als Mörtel diente Seewasser gemischt mit Schneematsch, das genügte! Eine richtige kleine Stadt entstand auf diese Weise, mit Unterständen, Geräteschuppen und Hundehütten.

Julius Payer freute sich über die optimistische Stimmung in diesem Eiscamp, dessen Mittelpunkt – wie die Kirche in einem Dorf – die sichere *Tegetthoff* war. Nur im tiefsten Inneren ließ Payer auch andere Gedanken zu: »Eine trostlose Wüste nahm uns auf, willenlos für eine unbestimmte Zeit und Entfernung, drangen wir in sie ein.« Payer ahnte wohl selbst nicht, wie Recht er mit diesen trüben Gedanken hatte. Die Gefangenschaft im Eis sollte ein volles Jahr dauern.

Zunächst aber bereitete sich die österreichisch-ungarische Nordpolexpedition auf den bevorstehenden Winter vor. An den Masten wurden einige der oberen Segel entfernt, andere ließ man »angeschlagen«, damit sie jederzeit gesetzt werden konnten. Sollte sich wieder Erwarten das Schiff aus der eisigen Umklammerung lösen, würde Kapitän Weyprecht schnell Fahrt aufnehmen müssen, um manövrierfähig zu sein. Es bestand nur eine geringe Aussicht, aber sie nährte die Hoffnung. Zu keiner Zeit wollte sich die wackere Gruppe geschlagen geben und ihren Optimismus aufgeben.

Dicht um das Schiff herum ließen die Offiziere einen großen Wall aus Schnee und Eis aufschichten. Das sollte bei den bevorstehenden Kälterekorden zumindest ein wenig helfen, das innen geheizte Schiff zu isolieren. Auch dieser Wall war ein Zeichen für die von allen Besatzungsmitgliedern gern akzeptierte und gelebte Disziplin. Nach jedem Sturm wurde die Schutzmauer auf Beschädigungen untersucht und sorgfältig ausgebessert.

Ebenso akkurat gingen die Teilnehmer der Expedition ihren wissenschaftlichen Forschungen nach; die einzelnen Aufgaben waren nach einem genauen Plan in den Tagesablauf integriert. Alle beteiligten sich, so weit möglich, an den geodätischen Ermittlungen, also an Erdvermessungen, sowie an astronomischen Untersuchungen. Es wurden genaue meteorologische Aufzeichnungen angefertigt, dazu Meerestiefe und -temperatur in verschiedenen Schichten bestimmt und Erdmagnetismus und Nordlichter beschrieben. Auch die Beobachtung der Tierwelt zählte zu den Forschungsaufgaben.

Anfang November herrschte schon tiefe Dunkelheit. Die künstlerische Natur eines Julius Payer konnte sich von der Schönheit der Polarnacht faszinieren lassen. Er schrieb: »... magische Schönheit verklärte unsere Einöde, das frostige Weiß der Takelage des Schiffes zeichnete sich gespenstig ab von dem graublauen Himmel. Das tausendfach gebrochene Eis mit seiner schneeigen Hülle hatte die Reinheit und das kalte Aussehen von Alabaster, die zarte Schattierung von Eisenblüte angenommen. Nur gegen Süden sah man mittags noch violette Schleier des Frostdampfes in das Karminsegment des Himmels emporsteigen ...«

Schneetreiben im Packeis während der Winternacht.

Dabei sollte nicht vergessen werden, dass die meisten der Besatzungsmitglieder niemals zuvor Schnee und Eis gesehen hatten – außer vielleicht im Hochgebirge. Sie waren an Wärme und an Sonne, an viel Licht gewöhnt. Umso gewaltiger muss die Polarnacht auf ihr Gemüt gewirkt haben. Vielleicht aber haben sie sich mitreißen lassen von den schwärmerischen Beschreibungen ihrer Kommandanten, haben sich Nordlicht und Sternenzelt erläutern lassen und die gewaltige arktische Natur dann ebenfalls genossen.

Im Übrigen lernten auch die 24 Männer, die dort vor über 130 Jahren die Arktis erkundeten, schnell, dass die Polarnacht nicht ewige Finsternis bedeutet. Noch lange schickt die hinter dem Horizont verschwundene Sonne ihren Widerschein an den Himmel, selbst das Sternenlicht schafft in der absolut klaren Luft Orientierung, und der Mond kann so blendend hell werden, dass es fast möglich ist, ein Buch zu lesen.

Allerdings mussten die Männer an Bord der *Tegetthoff* stark sein, um nicht in lähmende Langeweile zu verfallen. Die Zeit ist der eigentliche Feind in der polaren Dunkelheit. Immer einsamer wurde das Leben. Es gab keinen sinnlich wahrnehmbaren Wechsel der Tage mehr, nur noch die Aufeinanderfolge des fortschreitenden Datums als ewig weiterlaufende Perlenschnur. Diese bleierne Zeit wurde nur durchbrochen durch die so wichtigen Bordroutinen, die Mahlzeiten und den Schlaf.

Man kann sich vorstellen, mit wie viel Freude das Weihnachtsfest, das dieses öde Einerlei durchbrach, erwartet wurde. Payer beschreibt es voller Fröhlichkeit: »Ein ausgewählt köstliches Mahl vereinte uns sowohl am Heiligen Abend als auch am Christtage ... eine Kiste mitgebrachter Geschenke wurde verlost, große Freude erfüllte jene, die eine Flasche Rum oder einige Zigarren gewannen.« Alle Besatzungsmitglieder bekamen Wein und stärkten sich moralisch an Grog, Stockfisch und Bärenbraten.

Und auch Silvester wurde festlich begangen – wenn es auch eine kleine Panne gab: Einer der Jäger und Hundetreiber aus Tirol war beauftragt worden, Champagner stilvoll im arktischen Eis zu kühlen. Leider vergaß er den guten Tropfen, und als die Flasche nach vier Stunden bei minus 23 Grad Réaumur (entspricht minus 28,75 Grad Celsius; die Gradeinteilung nach Réaumur war im 19. Jahrhundert noch üblich, vor allem bei wissenschaftlichen Temperaturmessungen) hereingebracht wurde, war sie natürlich geplatzt und der kostbare Champagner zu Eis erstarrt. Aber selbst das konnte die gute Laune der Männer nicht trüben – um Mitternacht zogen sie in einem Fackelzug um ihr Schiff und freuten sich an dem Widerschein des Feuers, das wohl wie tausendfacher Diamantenglanz von den Eiskristallen an Wanten, Seilen und der umgebenden Schneelandschaft zurückgeworfen wurde.

Selbst die Hunde wurden mit einem guten Essen belohnt, und Sumbu, einer von ihnen, hatte sogar einen kleinen Rausch, weil die Matrosen ihn etwas Rum und Wasser auflecken ließen.

Eispressungen während eines Nordlichts im Januar 1873.

Endlich Land

Am 16. Februar 1873 kam das Licht zurück.

Wie soll man sich heute die Erleichterung vorstellen, die Gefühle, welche die Männer ergriffen, als bei −30° R (−37,5° C) zum ersten Mal nach 105 Tagen die Sonne wieder zu sehen war! Payer hat diesen unvergleichbaren Augenblick in seinem Tagebuch festgehalten: »Da – ein Augenblick – wallte eine Lichtquelle ankündigend durch den weiten Raum, und die Sonne stieg von einer Purpurhülle umgeben empor auf die eisige Bühne. Niemand sprach; wer hätte auch Worte dem Gefühle der Erlösung geliehen, das auf jedem Anlitz leuchtete und sich kunstlos unbewusst offenbarte in des einfachen Mannes leisem Ausruf: ›Benedetto giorno‹ – gelobter Tag!«

Mit dem Licht kam auch der Wunsch zurück, etwas zu unternehmen, sich aus der misslichen Lage des Eingeschlossenseins zu befreien. In den Bordtagebüchern wird ausführlich beschrieben, was die Mannschaft alles tat, um die *Admiral Tegetthoff* wieder flott zu machen: Vier lange Monate vergingen mit Graben, Sägen und Sprengen an der mächtigen Eisscholle, auf der das Schiff hochgedrückt wie in einem Trockendock lag. Mit großen Eissägen wurde versucht, zumindest rings um den Rumpf die Erstarrung aufzubrechen. Doch bei einer Dicke von zweieinhalb bis drei Metern blieben die Schollen schließlich Sieger – das Eis gab das Schiff einfach nicht mehr her, und die Menschen mussten sich ein weiteres Mal der Größe der Natur beugen.

Von Deck konnte man auch im hellsten Licht nichts als weiße Einöde sehen, und selbst der Blick aus der Marsrah weit oben im Mast ließ einen der Tiroler nur lakonisch ausrufen: »Nix als Eisch und nix als Eisch und nit a bisserl a Wosser!«

Doch dann kam der wohl denkwürdigste Tag der gesamten Expedition. Der 30. August 1873 brachte eine Überraschung und die Wende. Es war um die Mittagszeit, als einige der Besatzungsmitglieder – wie so oft – über die Bordwand gelehnt in die flüchtigen Nebel starrten, durch die dann und wann das Sonnenlicht brach. Eine rasch vorüberziehende Dunstwand enthüllte plötzlich fern in Nordost eine raue Felswand, die sich innerhalb weniger Minuten im machtvollen Lichtzauber zu einer strahlenden Bergszenerie entfaltete! Im ersten Augenblick standen wohl alle perplex und ungläubig da – bis endlich wie eine Eruption der erste Jubelruf erscholl: »Land, Land, endlich Land!«

Wie glücklich müssen alle gewesen sein – nicht nur aus Erleichterung, dem unendlichen Eismeer entkommen zu können, sondern auch aus Stolz. Ihre Expedition sollte also nicht sinnlos bleiben, sie würden nicht ohne etwas nach Hause kommen – zur Enttäuschung der Menschen, ihrer Geldgeber und des Kaisers! Neu entdecktes Land war ein Sieg – und nur ein großer Name konnte dieser Eroberung angemessen sein: Kaiser-Franz-Joseph-Land. »... aus eisernen Kaffeeschalen hatten wir auf Deck mit rasch bereitetem Grog ein Hoch auf unseren Kaiser getrunken und unser Schiff beflaggt. Alle Sorge schwand für jetzt, mit ihr auch die passive Gleichförmigkeit unseres Lebens.«

Fortan gab es kein anderes Gesprächsthema mehr als das neue Land. Hunderte von Fragen stellten sich nun: Wie groß würde es sein? War dieser oder jener dunstumhüllte Vorsprung ein Berg, eine Insel, ein Gletscher? War es ein Landklotz oder gar ein Archipel? Sicher und einig waren sich alle nur in einem: Die erste erblickte Berghöhe, das Symbol ihrer Entdeckung, sollte »Kap Tegetthoff« heißen, nach ihrem treuen Schiff, das sie – obwohl im Eis eingeschlossen – sicher in diese neue Welt begleitet hatte. Es befand sich zu diesem Zeitpunkt auf 79° 58' – seiner nördlichsten Position der ganzen Reise.

Abschied der Sonne im zweiten Jahr.

Obwohl das neue Land so nahe lag – die Drift führte die Expedition bis ungefähr 15 Meilen heran –, blieb es zunächst unerreichbar. Eine voller Ungeduld gestartete Exkursion mit sechs Mann und einigen Hunden endete nach einem Gewaltmarsch auf der Hälfte des Weges in dichtem Eisnebel. Plötzlich waren weder die Küste noch das Schiff zu sehen. Trotz eines mitgenommenen Kompasses verlor die kleine Gruppe auf dem hastigen Rückweg ihre Spur – nur der Hund Jubinal, der immer wieder zu den Männern zurückkehrte, sie aufgeregt umkreiste und sie mit lautem Bellen ermunterte, kannte offenbar den Weg. Irgendwann folgte Payer dem Hund und erreichte auf dem alten Pfad schließlich mit allen das rettende Schiff.

Der heraneilende zweite Winter machte größere Exkursionen unmöglich. In der polaren Dunkelheit wäre eine exakte Vermessung des entdeckten Landes nicht durchführbar gewesen. Zu der Ungeduld und der Sehnsucht, einmal wieder festes Land zu spüren und andere Farben außer Weiß zu sehen, kam nun die Angst, die Drift der *Admiral Tegetthoff* könnte sie im Winter wieder vom Kaiser-Franz-Joseph-Land fortführen. Aber bis auf kleinere Bewegungen war das glücklicherweise nicht der Fall. Es schien, als habe das Schiff sein vorgesehenes Ziel erreicht.

Am 1. November, es herrschte bittere Kälte von –22°R (–27,5° C), lag das Land nordwestlich im Dämmerlicht zum Greifen nah. Alle Bedenken schwanden, voller Ungestüm und Aufregung sprangen die Männer über das zu hohen Wällen aufgetürmte Eis. Wenigstens einmal betreten wollten sie es, ihr neu entdecktes Land, es fühlen und riechen, den felsigen Untergrund unter ihren Stiefeln spüren. Und wenig später betraten die Männer der österreichisch-ungarischen Nordpolexpedition endlich Kaiser-Franz-Joseph-Land. Allerdings einen recht trostlosen Teil davon – er bestand nur aus Schnee, Felsen und festgefrorenen Trümmern. Doch die Freude, festes Land erreicht zu haben, überwog jede Enttäuschung.

Drei weitere kurze Entdeckungstouren waren noch möglich, dann ließ der arktische Winter die Inseln wieder in die Dunkelheit zurücksinken. Im Ungewissen darüber, ob es ihm noch gelingen würde, die geplanten großen Entdeckungsreisen in den Norden des Kaiser-Franz-Joseph-Landes zu unternehmen, notierte Julius Payer: »Mit Sehnsucht blickten wir nach dem fernen Hauptland hinüber, das vom Monde hoch überragt, in seinem kalten matten Silberlicht sich vor uns ausdehnte und in den wenigen Dämmerungsstunden eines Tages unerreichbar war.«

Ein Grab fern von allen Menschen

Am 24. Februar 1874 beschlossen die beiden Kommandanten Weyprecht und Payer schweren Herzens, das Schiff im kommenden Frühjahr zu verlassen, um mit Schlitten und Booten in bewohnte Gegenden zurückzukehren.

Begräbnis des Maschinisten Krisch auf der Wilczek-Insel.

Der verbliebene Proviant würde nämlich für ein weiteres Jahr nicht mehr ausreichen, und die Medikamente und der Vitamin spendende Limonensaft, der in Flaschen mitgeführt worden war, neigten sich ebenfalls dem Ende zu. Außerdem verschlechterte sich der gesundheitliche Zustand der Mannschaft dramatisch: Bei 19 der 24 Männer traten Lungenemphyseme auf, sie litten unter Skorbut, rheumatischen Schmerzen und Tuberkulose; der Maschinist Otto Krisch war sogar ernsthaft daran erkrankt.

Vorher aber sollten noch einige ausgedehnte Erkundungsfahrten in das von ihnen entdeckte Land unternommen werden. Trotz der lockenden Aussicht, nach diesen vielen Monaten endlich in die Zivilisation zurückzukehren, drehte sich nach der zweiten Überwinterung zunächst alles um die bevorstehenden Schlittenreisen. Obwohl alle an Bord nur zu gerne mitgekommen wären, hatte sich Julius Payer neben den beiden bergerfahrenen Tirolern nur noch vier weitere Männer ausgesucht. Denn das Risiko, das die Expeditionsteilnehmer mit diesen mehrere Wochen dauernden Touren weit vom Schiff entfernt eingehen würden, war sehr groß. In einem extra aufgesetzten Dokument, das Payer vor allen Besatzungsmitgliedern feierlich verlas, beschrieb er, wie sie sich im ungünstigsten Fall verhalten würden: »Falls die Schlittenreisenden bei ihrer definierten Rückkehr das Schiff nicht mehr antreffen sollten, werden sie versuchen, sofort allein nach Europa zurückzukehren ...«

Ohne Boote, nur mit den Schlitten und den wenigen Vorräten aus dem Eismeer zu entkommen, das wussten wohl alle, die an den Schlittenreisen teilnehmen sollten, war ein rechtes Himmelfahrtskommando. Welchen Mut mussten diese Männer haben – und welches Vertrauen in ihren Anführer –, um ohne Zögern in das Gehörte einzuwilligen!

Nach der ersten erfolgreichen Schlittenexpedition, auf der Payer weite Teile um das Kap Tegetthoff vermessen und zeichnen konnte, verstarb der Maschinist Otto Krisch. Am 19. März verließ ein Trauerzug das Schiff, um ihn auf der Wilczek-Insel in unmittelbarer Nähe der *Tegetthoff* zu Grabe zu tragen. In seinem Tagebuch vermerkte Payer dazu: »Hier, zwischen Basaltsäulen, nahm eine Kluft seine irdische Hülle auf, überragt von einem einfachen Holzkreuz – eine traurige Stätte der Ruhe inmitten aller Symbole des Todes und der Abgeschiedenheit, fern von allen Menschen.«

Für die Kameraden muss es unendlich schwer gewesen sein, ihren Freund dort so einsam zurückzulassen. Die Männer werden sich erneut der besonderen Gefahren bewusst geworden sein, die hier auf sie lauerten, und sie werden ihre weiteren Aktivitäten mit noch größerem Respekt vor der Macht dieser unwirtlichen Eiswelt ausgeführt haben.

Dennoch blieb es das klare Ziel, in der verbleibenden Zeit noch möglichst viele Teile des fremden Archipels zu bereisen, um daheim der Öffentlichkeit überzeugende Ergebnisse ihrer unglaublichen Entdeckung vorlegen zu können. Payer drängte es vor allem, so weit wie möglich in den Norden der Inselgruppe zu gelangen. Denn nur wenn es ihnen gelänge, das Ende des Kaiser-Franz-Joseph-Lands zu erreichen, könnten sie das wirkliche Ausmaß ihrer Entdeckung abschätzen.

Reise in den Norden

Am 25. März waren die hastigen Vorbereitungen für diese Tour beendet, die beiden Schlitten mit fast sechzehn Zentnern Ausrüstung und Proviant beladen. Dazu gehörten Zelte und Schlafsäcke, Bergstöcke, optische Geräte, Pelze und Fellhandschuhe, Alkohol und Rum, Schaufeln, Zugleinen und zwei so genannte Kochmaschinen, unter denen man sich wohl spiriutusgetriebene Kocher vorstellen muss. Selbst ein kleines Hundezelt fehlte nicht – falls das Wetter zu übel über die kleine Gruppe um Julius Payer herfallen würde. An Lebensmitteln wurde »Boiled Beef« (vermutlich eine Art Corned Beef) in Dosen, Brot, Fett, Fleischextrakt, Schokolade, Grütze, Reis und Kondensmilch mitgeführt.

Das Kommandounternehmen bestand aus sieben Männern und drei Hunden. Am frühen Morgen verschwanden sie schnell in dem Gewirr aus Gletschern, Schluchten und Bergflanken. Die Kameraden an Bord, die ihnen nachschauten, beschlich ein ungutes Gefühl – würden sie Payer und die anderen jemals wieder sehen? Lohnte sich überhaupt angesichts des bevorstehenden Abzugs aus diesem Eiskosmos das neuerliche Risiko einer Exkursion oder würden sie damit das Schicksal einmal zu viel herausfordern?

In fünfzehnstündigen Gewaltmärschen eilte Julius Payer mit seinen Gefährten gen Norden – vorbei an nie zuvor gesehenen Inseln und Ebenen, auf zugefrorenen Sunden und Buchten, die mit dem blendenden Weiß der Berge und Gletscher zu einer einzigen milchigen Fläche zu verschmelzen schienen. Man musste dieser labyrinthartigen Einöde Namen geben, um sie aus der gesichtslosen Anonymität herauszulösen. Nur so wurden diese fremdartigen Landschaften begreifbar, verloren ihre vollkommene Unbekanntheit und damit ihre Schrecken: Kap Frankfurt, Österreich-Sund, Wiener-Neustadt-Insel, Wüllerstorff-Berge oder Teplitzbucht – Namen, die nicht nur der Nation Ruhm und Ehre einbringen würden, sondern auch ein wenig Vertrautheit schafften sollten.

Bei Windstille konnte die Marschgeschwindigkeit auf erstaunliche 80 Schritt die Minute erhöht werden, bei Südwestwind und leichtem Schneetreiben half auch das mitgeführte Segel, den Marsch zu erleichtern. Mitunter brauchte der schwere Schlitten nur noch gelenkt zu werden – die Männer und Hunde konnten sich dann vom Kräfte raubenden Ziehen erholen.

Die Temperaturen auf dieser zweiten Schlittenreise waren nicht mehr ganz so streng wie noch Mitte März. Damals maßen die Männer auf dem Sonklar-Gletscher den Temperaturrekord von –40,5° R (–50,6 ° C). Bei dieser Kälte erstarrte sogar der mitgeführte Rum zu einer tranigen Masse, die darüber hinaus jede Kraft und jedes Aroma verlor. Der Schnee wollte trotz größter Hitze in der Kochmaschine kaum schmelzen und wurde erst nach langem, ungeduldigem Ausharren zu kochendem Wasser für den Grog.

Auch in den Zelten war das Leben in dieser Todeszone eher eine Tortur als die dringend benötigte Erholung. Die Männer ruhten gemeinsam in einem großen Schlafsack, um sich gegenseitig zu wärmen. Doch nach wenigen Stunden kroch ihnen die Kälte so ins Mark, dass manche wie im Fieber zitterten und nur mit heißem Tee oder Alkohol wieder in den Schlaf fanden. Viel zu früh am Morgen wurde das einfache Lager verpackt; mit oft noch feuchten Kleidern und Stiefeln marschierte man weiter. Die einseitige, viel zu fleischhaltige Nahrung führte bei einigen der Männer zu Durchfällen und Schwächeattacken. Es waren wirklich mörderische Umstände, unter denen sich die kleine Expedition ihren Weg nach Norden suchte.

Am Ostersonntag 1874 überschritt die Gruppe den 81. Breitengrad und hisste voller Freude auf dem Schlitten die österreichisch-ungarische Flagge. Um diese Zeit allerdings begann Payer sich ernsthafte Sorgen um den Zustand seiner Leute zu machen: »So groß aber auch unser Eifer war, die Entdeckungen so weit wie möglich auszudehnen, so nahmen wir doch jetzt schon wahr,

Zeltleben.

daß das Mißverhältnis zwischen Anstrengung und Erholung unsere Kräfte geschwächt hatte. Wir hatten täglich nur fünf Stunden geschlafen, waren die übrige Zeit marschiert und mit allerhand Arbeiten beschäftigt ... nur die zwingendsten Gründe, unsere Reise derart zu beschleunigen, daß wir sobald als möglich imstande waren, nach dem vielleicht schon treibenden Schiff zurückzukehren, nötigten, von einer Norm abzugehen, die für eine längere Reise täglich sieben Stunden Marsch und zehn Stunden Schlaf voraussetzt.«

Nur drei Tage später wurde das Eis nahezu unpassierbar. Die aufgeworfenen Schollen und Hummocks (Eisklippen) zwangen zu weiten Umwegen, der Schlitten war während des Transports schwersten Erschütterungen ausgesetzt. Es war, als würde sich der Norden des Kaiser-Franz-Joseph-Lands mit einem undurchdringlichen Irrgarten gegen seine Entdecker verbarrikadieren – selbst die Kompassnadel wurde in diesen hocharktischen Breiten abgelenkt und zeigte nicht mehr korrekt an.

Folgenschwere Eile

Nachdem sich die kleine Expedition kurz vor der nördlichsten Insel, Kronprinz-Rudolf-Land, aufgeteilt hatte, weil Payer glaubte, mit dem leichten Hundeschlitten und zu viert schneller voranzukommen, geschah ein Unglück: Der Schlitten stürzte in eine Gletscherspalte und riss die beiden Hunde Jubinal und Toroßy sowie den Matrosen Zaninovich in die Tiefe. Nur das straff gespannte Zugseil, das Julius Payer um die Brust gewunden hatte und das ihm trotz des grausamen Rucks nicht entglitt, hielt die Verbindung. Wie durch ein Wunder hatte sich der Schlitten beim Absturz in der Spalte verkeilt und den dahinter laufenden Matrosen nicht erschlagen. Zaninovich schaffte es sogar, sich auf einen kleinen Sims in ungefähr vierzehn Metern Tiefe zu retten. Oberhalb des Schlittens hingen die braven Hunde noch unversehrt in ihren Zuggeschirren – ein unglaubliches Glück hatte die kleine Expedition vor dem Sturz in den Abgrund bewahrt!

Dennoch war die Situation höchst gefährlich. Bei einem mutigen Sprung über die rund drei Meter breite Gletscherspalte konnte Payer hinabblicken und sich ein Bild von der Lage machen. Ohne zu zögern setzte er sich mit Fähnrich Orel in Bewegung, um bei den anderen, in etwa sechs Meilen Entfernung lagernden Kameraden Hilfe zu holen. So schnell stürmte der um das Leben seines Matrosen besorgte Payer voran, dass der jüngere Orel ihm nicht lange folgen konnte. Ohne auf weitere gefährliche Spalten zu achten, war der unbewaffnete Kommandant bald so in Schweiß gebadet, dass er nach und nach Teile seiner Kleidung herunterriss und am Ende sogar auf Strümpfen weiterhetzte. Nach nur viereinhalb Stunden und einer Strecke von »drei Deutschen Meilen« (umgerechnet 22,5 Kilometer) war Julius Payer wieder am Unglücksort zurück und rettete Zaninovich, den Schlitten und die Hunde aus ihrer misslichen Lage. Alles war noch einmal gut gegangen.

Trotz des Unglücks sollte der Marsch zum hohen Norden weitergehen – wenn auch nicht wieder über den »verräterischen« Gletscher. Dem Küstenverlauf der heutigen Rudolf-Insel weiter folgend, durchzogen die Männer das Firngebiet eines anderen Gletschers, dessen Neigung und Zerklüftung sie schließlich zwang, selbst den leichten Hundeschlitten zurückzulassen.

Kap Tirol und die normale Form der Bärenjagd auf Schlittenreisen.

Am Ziel

Kurz nach der Mittagsrast am 12. April 1874 notierte Payer: »Die zunehmende Unsicherheit unseres spaltenumringten Weges, Proviantmangel, häufiges Einbrechen und die Gewißheit, seit Mittag durch einen fünfstündigen Marsch die Breite 82° 5' erreicht zu haben, setzten unserem siebzehntägigen Vordringen hier endlich ein Ziel.«

Zu dieser Zeit befanden sich die drei Männer und zwei Hunde des nochmals verkleinerten Teams auf einer etwa 300 Meter hohen Ebene eines Vorgebirges, dem Payer den Namen Kap Fligely gab. Offenbar ahnte er nicht, dass er und seine beiden Gefährten weiter vorangekommen waren als gedacht: Sie waren tatsächlich bis zum nördlichsten Punkt des Kaiser-Franz-Joseph-Landes vorgestoßen. Heute wissen wir, dass Payers Messungen ungenau waren, weil sie nicht astronomisch bestimmt werden konnten. Der später exakt ermittelte Wert liegt bei 81° 50' 43" Nord.

Ehe die kleine geschwächte Gruppe das Kap verließ, wurde feierlich die Flagge Österreich-Ungarns gehisst und eine Botschaft zurückgelassen, worin Payer die wichtigsten Angaben zu ihrer Expedition mitteilte. Die schriftliche Erklärung endete mit dem Satz:

»... sofort nach der Rückkehr zum Schiff und nach Erholung daselbst wird es die gesamte Mannschaft verlassen und nach Österreich-Ungarn zurückkehren. Dazu zwingen sie die rettungslose Lage des Schiffes und Krankheitsfälle.

Kap Fligely, am 12. April 1874 unterzeichnet von Antonio Zaninovich, Matrose – Eduard Orel, Schiffsfähnrich – Julius Payer, Kommandant«.

Beim Abschied von diesem nördlichsten Punkt, den er in seinem Forscherleben erreicht hatte, ließ Payer wohl noch einmal seinen Blick und seine Gedanken über die unendliche Eiswüste schweifen. In seinem Tagebuch zeichnete er ein grandioses Bild von der erhabenen Szenerie dieser entlegenen Weltgegend:

»Jahr für Jahr verstreicht nun abermals über diesen unwirtlichen Gestaden des äußeren Nordens, und ihre Einsamkeit ist wieder so groß wie vom Anbeginn. Nur die Seevögel schwirren in ewiger Wiederkehr in den Felshängen, und in ununterbrochener Reihenfolge ziehen die weißen Tafeln der Eisfelder nach wie vor unter der Willkür des Windes dahin an den verschollenen Küsten. Gleich ungehörten Klagen branden die Wellen eines kurzen Sommers an ihren geborstenen Klippen, und jahrtausendelang tragen die Gletscher ihre kalte Last wieder in das Grab des Meeres herab.«

Die Rückreise zum Schiff, die die im Basislager wieder vereinten Männer um Julius Payer nun antraten, war erneut ein Wettlauf mit der Zeit. Der anbrechende Frühling war auch hier in der

Im äußersten Norden (Kap Fligely, Kap Wien im Hintergrund).

Arktis spürbar, und die ansteigenden Temperaturen ließen den Marsch über die dünner werdenden Eisfelder zu einem höchst gefährlichen Unternehmen werden.

Die Männer hatten annähernd 160 Meilen zur *Tegetthoff* hinter sich zu bringen. Die Sehnsucht nach dem anderen Teil der Mannschaft, die Angst, schließlich doch noch von der Arktis verschlungen zu werden, und natürlich vor allem die Sorge, ob das Schiff überhaupt noch an seinem angestammten Platz im Eis vor der Küste vorzufinden sei, all dies trieb die Männer zu hastiger Flucht an.

Gegen Mitternacht des 22. Aprils erklomm Julius Payer voller Ungeduld das Orgel-Kap auf der fast schon heimatlichen Wilczek-Insel. Bei jedem seiner Schritte über das Plateau in Richtung Meer vergrößerten sich seine Erregung und bange Erwartung. Als dann der weite Horizont des Eismeeres vor ihm lag, konnte er in der weißen Öde kein Schiff erkennen! Mit klopfendem Herzen stieg er höher, um einen besseren Ausblick zu bekommen – und wirklich: Plötzlich tauchten vor ihm in drei Meilen Entfernung die feinen Masten der *Admiral Tegetthoff* auf. Die Erleichterung, die Payer bei diesem Anblick spürte, muss unendlich gewesen sein.

Aufbruch gen Süden

Die Mannschaft der *Tegetthoff* war in der langen Zeit des Wartens auf die Rückkehr der Schlittenexpedition nicht untätig gewesen und hatte den bevorstehenden Rückzug aus dem Eis nach besten Kräften und Wissen vorbereitet. Leutnant Weyprecht hatte drei Boote für die Reise über das Eis und das Polarmeer ausgerüstet. Ihre Bordwände waren mit Segeltuch um 30 Zentimeter erhöht worden, um den Wellen mehr entgegenzusetzen; außerdem hatten sie eine Art Kufen unter die Boote montiert. Zu jedem Boot kam noch ein Schlitten hinzu, der nach einem genauen Plan mit Proviant, Munition und anderen Ausrüstungsgegenständen beladen werden konnte. Auch die wertvollen Aufzeichnungen, die geographischen Messergebnisse und Logbücher, mussten auf den gefährlichen Transport vorbereitet werden. Der Kapitän ließ sie in einer Blechkiste verpacken, die wasserdicht verlötet wurde. Ebenso wurde mit den etwa 200 Zeichnungen von den Küsten, dem Eismeer und den Erlebnissen während der gesamten Expedition verfahren. Julius Payer sorgte außerdem dafür, dass auch seine Flagge, die er voller Stolz bei den Schlittenreisen mitgeführt hatte, auf diese Weise sicher verpackt wurde.

»Unsere persönliche Ausrüstung bestand während des Marsches in zwei Wollhemden, einer wollenen Unterhose, drei Paar Strümpfen, ledernen Wasserstiefeln und Mützen und einem Pelz zum Schlafen ... Keinen anderen Luxus gestatteten uns die Umstände als die Mitnahme eines Tabakbeutels pro Kopf.«

Die Zielsetzung war klar und mutet dennoch ein wenig naiv an: Die Expedition plante, genau in südlicher Richtung zu ziehen – über alle Hindernisse hinweg –, um direkt auf das angelegte Lebensmitteldepot bei den Barents-Inseln zuzusteuern. Mit frischen Vorräten wollte man dann längs der Westküste von Nowaja Semlja nach Süden fahren, um dort auf ein Schiff russischer

Lachsfischer oder norwegischer Robbenjäger zu treffen, was die Rettung bedeuten würde.

Unter den vorherrschenden Verhältnissen kam dieses Unternehmen freilich erneut einem Himmelfahrtskommando gleich – es gab viele Unbekannte in dieser Rechnung, und das Ziel ließ sich auch nur mit einer weiteren nautischen Meisterleistung und unter Überwindung unbeschreiblicher Strapazen erreichen. Es ging um Entfernungen von über 400 Kilometern nur bis Nowaja Semlja, von denen der größte Teil wahrscheinlich zu Fuß zurückgelegt werden musste – im Schlepptau die schweren Boote. Auch die Weiterreise auf dem Wasser konnte leicht noch einmal eine Strecke von 500 Kilometern umfassen – zurückzulegen im offenen Boot, kaum geschützt gegen das stürmische Eismeer und die eisige Feuchtigkeit, der man dann nicht mehr entrinnen konnten. Was für ein wagemutiger Plan!

Das Verlassen der *Tegetthoff*.

Am 20. Mai 1874 war es dann so weit: Die *Tegetthoff* sollte endgültig aufgegeben und im ewigen Eis der Arktis sich selbst überlassen werden. Ein harter Entschluss, denn kein Seemann verlässt sein Schiff – es sei denn, er ist in höchster Gefahr. Und kaum eine Expedition in die Arktis, die das dennoch getan hat, hatte diese Entscheidung jemals überlebt. So beschreibt Julius Payer denn auch mit großer innerer Bewegung diesen Moment: »Monatelang hatten wir täglich in der Furcht gelebt, es [das Schiff] zerquetscht zu sehen. Und doch war es uns zwei Jahre lang eine schützende Heimat gewesen. Unter seinem Obdach hatten wir der Gewalt der Eisbewegungen sowohl als auch den Stürmen und der Kälte Trotz geboten. Mit all diesen Erinnerungen mussten wir es jetzt verlassen ...«

Und vieles musste man auch an Bord zurücklassen: lieb gewordene Schätze wie die zoologischen und geologischen Sammlungen, viele Instrumente, die Bibliothek, der Proviant, den man nicht mehr mitnehmen konnte, und nicht zuletzt 67 Eisbärenfelle, die an die vielen gefährlichen Kämpfe mit dem König der Arktis erinnerten. Wohin wohl sind all diese wertvollen Dinge zerstreut worden?

Der folgende Rückzug aus dem Eis bis an die schiffbare See gehört sicher zu den ungeheuerlichsten Taten, die Menschen jemals vollbracht haben. Die körperlichen Anstrengungen, die von den Expeditionsteilnehmern noch einmal geleistet werden mussten, grenzen ans Unvorstellbare; nicht minder beeindruckend aber ist der unbeugsame Wille aller Beteiligten, durchzuhalten und nicht aufzugeben.

An manchen Tagen kamen die Männer mit den schweren Booten im Schlepptau nicht einmal eine halbe Meile voran. Viele Abende lang war die *Tegetthoff* trotz der Strapazen immer noch im Norden auszumachen – dieser Anblick wirkte fast so, als wollte sie die Männer zurücklocken und ihnen deutlich machen, dass es falsch war, das Schiff zu verlassen! Bei nahezu jedem Schritt sanken die tapferen Männer, während sie ihre Last zogen, knietief in den feuchten Schnee oder Eisbrei. Auch die Boote, durch ihre primitiven Kufen sperrig wie ein Kasten, gruben sich bei jedem Meter in den Untergrund ein. Payer notierte über diese Stunden und Tage und Wochen: »Es war vollständig unmöglich, unser Gepäck auf einmal fortzuschaffen. Die Hälfte von uns genügte kaum, um einen Schlitten oder ein Boot fortzubringen. Dadurch waren wir genötigt, den Weg Strecke für Strecke, dreimal Lasten ziehend, zweimal ledig, zurückzulegen.«

Schlittenziehen.

Doch die Männer gingen weiter, ihren Anführern und dem eigenen Mut vertrauend. Dass es bei alldem sehr kameradschaftlich zuging, mag ein Beispiel verdeutlichen. Karl Weyprecht beschrieb, wie er eine der begehrten Flaschen Rum unter den Expeditionsteilnehmern aufteilte: »Mit welcher Gerechtigkeit ich bei der Verteilung vorgehe, ist daraus ersichtlich, dass ich ... den Deckel einer Feldflasche verwendete, der etwa einen Fingerhut voll enthält. Auf andere Art ließ sich der Inhalt absolut nicht in 23 gleiche Teile verteilen. Oft gehört eine salomonische Weisheit dazu, um allen gleich gerecht zu werden.«

Doch viel mehr als der wärmende Schnaps war Wasser gefragt. Auch wenn es auf den ersten Blick überraschen mag, am schlimmsten auf einer solchen Expedition ist der Durst. Um tagsüber einen guten Schluck Wasser zu bekommen, mussten die Männer einen ganzen Blechnapf voll Schnee eine Stunde lang in den Händen halten. Der Bootsmann Lusina trug sogar sein blechernes Brillenfutteral, in das er Schnee getan hatte, an der Brust, um von Zeit zu Zeit ein paar Tropfen während des Marsches zu gewinnen. Abends wurden die mit Schnee gefüllten Feldflaschen mit in den Schlafsack genommen, um morgens etwas trinken zu können.

So ging es weiter, Tag für Tag – den gesamten Mai, den gesamten Juni und Juli hindurch. Völlig entsetzt und enttäuscht waren die Männer, als sie nach 50 Tagen Plackerei erneut die südliche Wilczek-Insel des Kaiser-Franz-Joseph-Landes sichteten. Wie zuvor das Schiff hatte die Eisdrift nun auch sie gegen die geplante Reiseroute getrieben. Dies waren die wenigen Momente, in denen Julius Payer die Kräfte verließen. An Geist und Körper ausgelaugt, kam es auf seiner Seite zu Eifersüchteleien gegenüber der zu diesem Zeitpunkt unumstrittenen Führungsperson Karl Weyprecht und zu Wutausbrüchen über Kleinigkeiten. Doch die legten sich und Payer fand in seine alte Rolle zurück.

Man hoffte auf Nordwinde, die auch das Eis auflockern, damit endlich die Boote zu Wasser gelassen werden konnten. Aber die kalt funkelnde Fläche blieb unverändert, so weit der Blick reichte. Der in sich ruhende Karl Weyprecht beschrieb die um sich greifende Stimmung tiefer Resignation in seinem persönlichen Tagebuch: »Es ist ein eigentümliches Gefühl, das Bewußtsein mit sich herumzutragen, daß innerhalb eines Monates das eigene Schicksal über Leben oder Tod entschieden sein muß. Hat man sich einmal an den Gedanken gewöhnt, so tritt eine merkwürdige Gemütsruhe ein.«

Erst ab Mitte Juli konnten in langsam aufbrechenden Kanälen und größeren Waken, eisfreien Flächen, die Boote eingesetzt werden. Oft waren es aber nur wenige Meter Fahrt, da die Schollen sich wieder unvermittelt zusammenschlossen und auch mit langen Stangen nicht vertrieben werden konnten. An manchen Tagen mussten die Männer ihre Boote daher bis zu achtmal mühsam zu Wasser lassen und wieder aufs Eis ziehen. Am 17. und 18. Juli ging es besser voran, siebzehn Meilen wurden zurückgelegt, größtenteils in den Booten und mit dem Eis endlich gen Süden driftend.

Im August begann es immer häufiger zu regnen. Zu dieser Zeit waren die 23 Männer bereits in der engen Welt ihrer Boote gefangen. Das umgebende Eis war auf dieser südlichen Position zu dünn, um es ohne Sorge betreten zu können. Die Gefahr, einzubrechen und sich dabei zu verletzen oder gar zu ertrinken, war zu groß. Der tagelange Aufenthalt in den Booten wurde zu einer neuen psychischen Belastungsprobe. Endlos schienen die Tage, die einzige Abwechslung war die Beobachtung des umgebenden Eises und das Gespräch mit den Kameraden. Der Geist konzentrierte sich nur noch auf zwei Dinge: auf die nächste Mahlzeit und darauf, dass sich das Eis endlich zerteilen möge. Der August rückte vor – inzwischen war absehbar, dass der Proviant allenfalls noch einen Monat ausreichen würde. Knapp notierte Karl Weyprecht in seinem Tagebuch: »Während der Nacht Windstille; dann Süd-Wind mit heftigem Regen. Eis unverändert. – Wiederum zur Untätigkeit verurteilt. Die schlaflosen Nächte sind unangenehm! Jeder verhält sich ruhig und hofft, doch einschlafen zu können, und keinem gelingt es. Ob man will oder nicht, kommen dann die unangenehmen Gedanken, denen man bei mäßiger Arbeit niemals Audienz gibt.«

Szene aus dem Rückzug.

Am 13. August bildete sich zum ersten Mal wieder zentimeterdickes Eis über den Süßwasserlachen auf den Schollen. Der Sommer nahm bereits Abschied. Würde man nicht in den nächsten Tagen aus dem Eisgürtel herausfinden, bestünde höchste Gefahr, im frischen Eis des bevorstehenden Herbstes endgültig festzuhängen. Es war zu dünn zum Marschieren, zu dick zum Segeln – aber bestens geeignet, um darin zu sterben!

An diesem Tag waren die Männer erst 120 Meilen von der *Admiral Tegetthoff* entfernt – und noch gut 100 Meilen von ihrem Proviantlager weiter südlich. Dabei hatten sich die Männer bereits knappe drei Monate geschunden und dabei über 300 Meilen mit Schlitten und Booten zurückgelegt.

Die Rettung

In der Nacht zum 14. August geschah endlich etwas, das Eis öffnete sich – wenig, aber spürbar. Aufgeregt setzten die Männer ihre langen Eisstangen ein, um durch die engen Kanäle Meter für Meter der Umklammerung zu entkommen. Plötzlich stießen sie auch auf Waken, auf denen sogar die Segel gesetzt werden konnten. Und dann – endlich, endlich – war die Dünung des Meeres zu verspüren. Auf einer besonders großen Wake gab es schon starken Seegang, und überwältigt von einem heftigen Glücksgefühl erblickten die 23 Männer der österreichisch-ungarischen Nordpolexpedition die Eisgrenze – dahinter schäumte das offene Meer.

Was dann folgte, ist ein weiteres Kapitel einer Geschichte, die erfüllt ist von schier unglaublichen Leistungen. Karl Weyprecht und Julius Payer segelten mit ihren Gefährten in den winzigen Booten über die stürmische Barentssee. Durch widriges Wetter verfehlten sie ihr Proviantlager und fuhren dennoch voller Zuversicht weiter im offenen Meer an der Westküste der russischen Insel Nowaja Semlja entlang, auf der Suche nach Menschen, die ihnen aus ihrer Not helfen könnten.

Am 24. August kam dann endlich der Tag der Rettung. Es war bereits Abend geworden, als die Boote unter Segeln an den verwitterten Wänden des Kap Britwin dahinglitten. Hoch oben

Die Teilnehmer der Expedition erblicken ein russisches Boot.

kreischten tausende von Seevögeln, die sich über die merkwürdigen Eindringlinge wundern mochten. Und dann – wie mit einer einzigen Stimme erscholl ein jauchzender Freudenruf aus einem der Boote. Andere Stimmen und Rufe kamen hinzu: In der ruhigen Dunen-Bucht lag vor den Überlebenden ein kleines Boot mit zwei Menschen – es waren Russen. Und bevor man die ersten Worte austauschen konnte, waren sie gemeinsam um eine weitere Felsnase gebogen und blickten auf zwei große, schlanke Schiffe!

Für Julius Payer und Karl Weyprecht, die beiden Expeditionsleiter, muss es ein unbeschreibliches Hochgefühl gewesen sein. Endlich konnten sie sich sagen: Sie hatten es geschafft! Sie waren nach einer erfolgreichen Expedition mit neuen, wichtigen Entdeckungen dem Eis entkommen – und sie hatten alle Männer bis auf einen sicher wieder heimgebracht.

Seine ungeheure Erleichterung hielt Payer in diesen Zeilen fest: »Welch eine Erlösung aus langer Not. Sechsundneunzig Tage hatten wir auf dieser Rückreise im Freien zugebracht. ... Betäubt und mit inniger Dankbarkeit nahmen wir die sich drängenden Eindrücke der Wiederkehr ins Leben auf; nur die Freude brach sich nicht so rasch zu Worten Bahn, denn: Das Schweigen ist ihr bester Herold. Mit stillem unendlichen Behagen starren wir auf die nichtigsten Dinge, und ich glaube, dass sich jeder von uns immer wieder in Gedanken zuflüsterte: ›Wenn man das in Österreich wüßte!‹«

Österreich sollte es bald wissen, mit allen Details, soweit die Helden der Nordpolexpedition, die so vieles erreicht hatte, sie berichten konnten. Die insgesamt 812 Tage dauernde Entdeckungsreise der Polarhelden wurde in Österreich-Ungarn gefeiert und auch international gewürdigt. Doch der ganz große Ruhm, der einem Shackleton, Amundsen oder Scott zuteil wurde, blieb dieser Expedition und den 24 tollkühnen Männern verwehrt. Ihre Taten fanden bald kaum noch Beachtung, die beiden großen Führungspersönlichkeiten Weyprecht und Payer verloren sich schnell im Nebel der Geschichte.

Karl Weyprecht, der der Arktisforschung noch entscheidende Anregungen gab, litt seit seiner Rückkehr an einem chronischen Bronchialkatarrh, der sich wenig später zu einer Miliartuberkulose ausweitete, die den gesamten Körper entzündete. Er kehrte schon 1881 – also nur wenige Jahre nach dem großen Erfolg – vom Tode gezeichnet in seine Heimat bei Michelstadt am Odenwald zurück und starb dort am 29. März. Julius Payer nahm noch im Jahr 1874 enttäuscht Abschied von der Armee. Nach einer Ausbildung an Kunstakademien lebte er mehrere Jahre als Maler in Paris, in Wien gründete er eine Schule, in der Damen Malunterricht erhielten. Er starb am 29. August 1915. In den Wirren des Ersten Weltkrieges wurde sein Tod kaum zur Kenntnis genommen, das Grab ist auf dem Wiener Zentralfriedhof zu finden.

Was bleibt, sind Erinnerungen an diese Männer – und ihre 22 Gefährten, die mutig und unbeschwert, ohne zu wissen, was auf sie zukommt, auszogen und eine der letzten großen Landflächen der Erde entdeckten. Zweifellos hätten sie einen anderen, prominenteren Platz in der Reihe der arktischen Entdecker verdient. Respekt und Hochachtung gebührt nicht zuletzt der besonderen Beziehung zwischen den beiden Expeditionsleitern und ihrer Mannschaft, die von außerordentlicher gegenseitiger Wertschätzung geprägt war. Die Tagebuchaufzeichnungen und

Logbucheinträge von Weyprecht und Payer machen deutlich, mit welcher Klugheit und welchem Gerechtigkeitsgefühl sie die Männer führten – aber sie zeigen auch, wie viel Achtung und Zuneigung die Kommandanten ihrer Mannschaft entgegenbrachten. In seinem Tagebuch hebt Karl Weyprecht fast grimmig die hervorragenden Eigenschaften ihrer Gefährten hervor: »Es kommt mir alles darauf an, jenen Leuten die Mäuler zu stopfen, die es für unmöglich halten, daß unsere Südländer die Strapazen ertragen, und die mich des Leichtsinns und Unverständnisses anklagten, weil ich keine nordischen Matrosen nahm, während doch keine Mannschaft der Welt die Strapazen besser ertragen hatte als die unsrige. Es gibt mehrere unter unseren Matrosen, die während der ganzen Reise niemals ihren Pelz angezogen haben. Der große Haufe glaubt, nur der Engländer sei zu derartigen Unternehmungen geeignet, und hat keine Idee, welch prachtvolles Material an Seeleuten wir im eigenen Land haben, wenn sie nur richtig geführt und behandelt werden. Daß ich darin gegen die Ansicht sehr vieler Seeleute unserer eigenen Flagge recht hatte, ist mein Stolz. Es bekümmert mich mehr, daß dies bekannt wird, als die Entdeckung von Franz-Joseph-Land.«

Nachwort

Wo die Welt noch an die frühen Schöpfungstage erinnert, da fühle ich mich besonders wohl. In der Sahara ist das so und im Himalaya, auf Island und eben im Eis der Arktis und Antarktis. Nirgendwo anders ist die Luft so durchsichtig, rein und klar, der Sternenhimmel so hell und weit und die Stille so deutlich wahrnehmbar.

Victor Boyarsky spricht in seinem Vorwort zu diesem Buch von der Arktis als einem »Wunderland in den Farben Weiß und Blau«. Genau darin liegt ein Teil der Faszination, in dieser Reduktion auf das Einfache, Wesentliche, das umso grandioser wirkt. Und in dieser blauweißen Welt spielt ein unglaubliches Licht – mal ist es gleißend hell, dann golden, blutrot oder auch violett. Solche Farbspiele wechseln von Minute zu Minute, im Sommer 24 Stunden lang.

Im Winter 2003 traf ich Reinhold Messner in Berlin, und er fragte mich sehr interessiert, ob ich wohl wüsste, wie man zum Kaiser-Franz-Joseph-Land kommen könnte. Ich verneinte und dachte bei mir, wenn jemand das wissen sollte, dann doch wohl ein Reinhold Messner.

Schon wenige Wochen später folgte ein glücklicher Moment für mich. Auf der Internationalen Tourismus Börse in Berlin lernte ich die Russen Nikolai Saveliev, Alexey Mironov und Maxim Chernyshev kennen. Die drei jungen Manager stellten auf der ITB ihr neues Unternehmen *Poseidon Arctic Voyages* vor, das kommerzielle Reisen zum Nordpol und zum Kaiser-Franz-Joseph-Land anbot. Auf einer Abendveranstaltung sahen die drei Jungunternehmer aus Moskau dann meine Bilder und Bücher. Daraufhin folgte prompt die Einladung zu einer Reise auf dem Eisbrecher *Kapitan Dranitsyn*.

Reinhold Messner hatte inzwischen auch von dieser Sensation gehört und brachte gleich seinen Freund Christoph Ransmayr mit, Autor des bekannten Romans *Die Schrecken des Eises und der Finsternis*. Wir gingen in Longyearbyn gemeinsam an Bord und trafen dort den Expeditionsleiter Victor Boyarsky, einen der erfahrensten Arktisspezialisten dieser Welt.

Schon auf dieser ersten Reise hat sich durch unsere gemeinsame Liebe zum Eis eine tiefe Freundschaft mit Victor Boyarsky entwickelt, und ich habe in den wenigen Wochen auf dem Schiff unendlich viel über die russische Seele gelernt. Auch an der zweiten Fahrt nahm ich teil, arbeitete als Reiseleiter, Bordlektor und Fotograf – und lernte Peter von Sassen und seine Filmcrew kennen. Im Eis des Kaiser-Franz-Joseph-Landes wurden wir zu einer verschworenen Gemeinschaft.

Im folgenden Jahr trafen wir uns erneut auf der *Kapitan Dranitsyn*, um dieses Wunderland in der russischen Arktis zu besuchen. Und es war sicher nicht meine letzte Reise dorthin. Ich träume davon, wieder auf dem Außendeck zu stehen und auf das zarte, unvergleichliche Licht im Eis zu warten ...

Helfried Weyer

Die *Kapitan Dranitsyn* in der scheinbar grenzenlosen Weite des arktischen Eises.

Ein Herzstück der *Kapitan Dranitsyn*: Im gemütlichen Restaurant wird drei Mal am Tag gegessen, aber auch gefeiert – wenn ein besonderes Ziel erreicht wurde oder wenn es gilt, an Männer und Taten zu erinnern, die das Kaiser-Franz-Joseph-Land und seine spannende Geschichte prägten.

Die immer offene Brücke der *Kapitan Dranitsyn*: Hier werden Kurs und Ziele festgelegt, Windgeschwindigkeit und Temperatur gemessen und die jeweilige Position in die Seekarte eingetragen. Die Passagiere können 24 Stunden am Tag live dabei sein.

Bei offenem Wasser erfolgen die Anlandungen in praktisch unsinkbaren Schlauchbooten, die mehrere getrennte Luftkammern haben. Mit dem ersten Scoutboot fährt immer eine bewaffnete Eisbärenwache mit an Land. Hier ist es Konstantin Pankov, der seit Beginn zur Crew der *Kapitan Dranitsyn* gehört.

Zwei Helikopter stehen für Landausflüge und Exkursionen zur Verfügung. Sieben Personen kann ein Helikopter jeweils befördern. Zur Helikoptercrew gehören nicht nur arktiserfahrene Piloten, sondern auch großartige Mechaniker. Sie haben es auf einer der Fahrten geschafft, auf der Champ-Insel einen defekten Helikoptermotor in vierzehnstündiger harter Arbeit auszutauschen.

Expeditionsleiter Victor Boyarsky (rechts) im Gespräch mit Helfried Weyer.

Peter von Sassen (zweiter von rechts) mit dem Filmteam des NDR-NordseeReports.

KAISER-FRANZ-JOSEPH-LAND

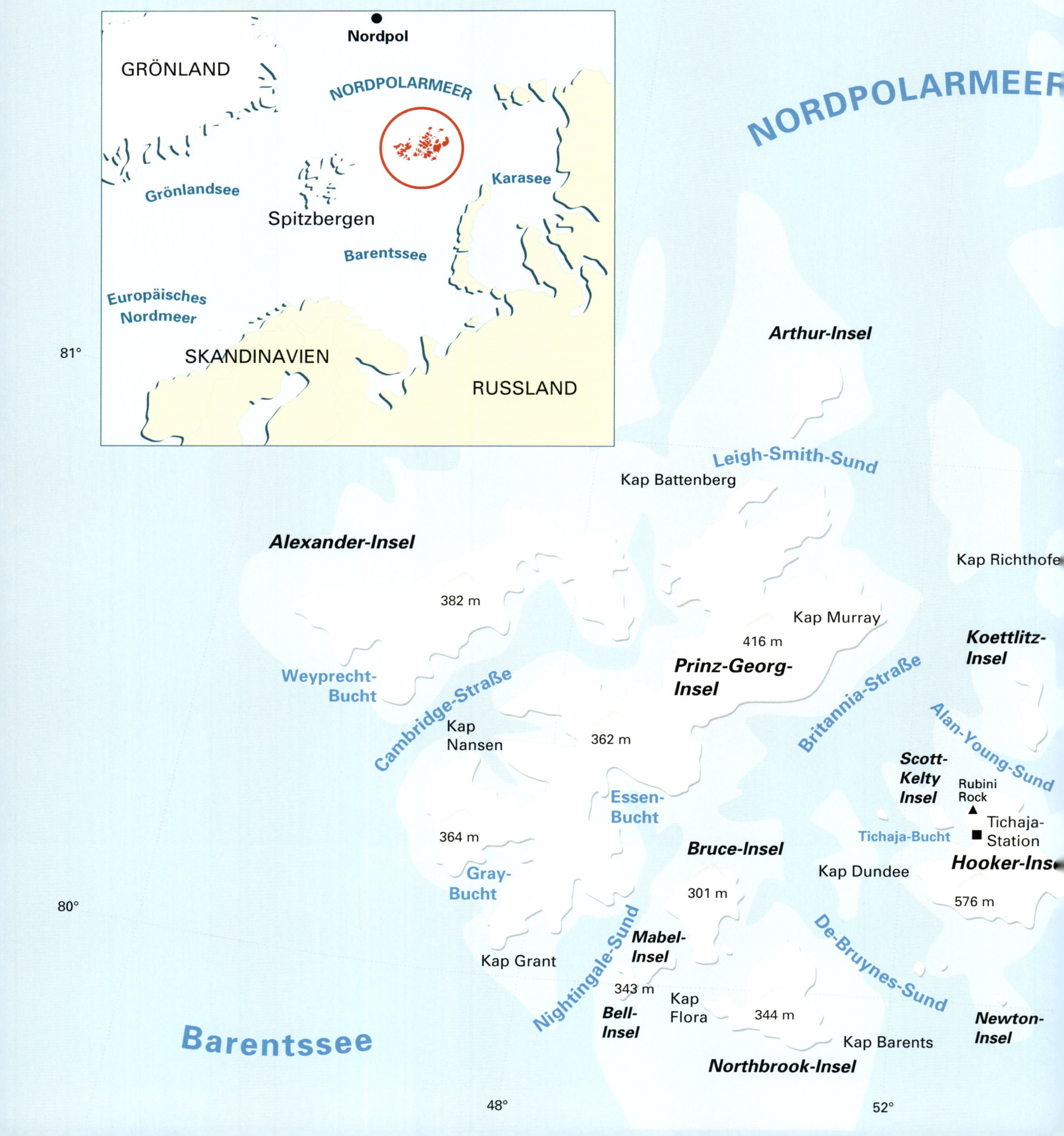

82°
Rudolf-Insel
Kap Fligely
461m
Teplitzbucht
Eva-Insel
381 m
Hohenlohe-Insel
Karl-Alexander-Insel
Severo-Vostochny-Straße
365m
Rainer-Insel
Kap Bauermann
Jackson-Insel
Kap Helland
De-Long-Bucht
Hoffmann-Insel
Payer-Insel
481 m
Kap Norwegen
La-Ronciere-Insel
Graham-Bell-Insel
81°
Ziegler-Insel
431 m
Greely-Insel
554 m
Kap Bertram
Salisbury-Insel
Vanderbilt-Sund
Wiener-Neustadt-Insel
Kap Tirol
Morgan-Sund
509 m
Kap Fairbanks
Luigi-Insel
Kap Heller
482 m
620 m
507 m
Wilczek-Land
Champ-Insel
Yermak-Sund
Krenkel-Station
Kap Lamont
Hayes-Insel
606m
Markham-Straße
Austria-Straße
Alger-Insel
429 m
421 m
Hall-Insel
Kap Frankfurt
481 m
Bergkauz-Insel
50 km
MacKlintok-Insel
Hochstetter-Insel
Aberdare-Sund
502 m
Koldewey-Insel
521 m
181 m
80°
Kap Dillon
Kap Tegetthoff
Salm-Insel
343 m
Wilczek-Insel
56°
60°
64°
© Gitta Pieper-Meyer

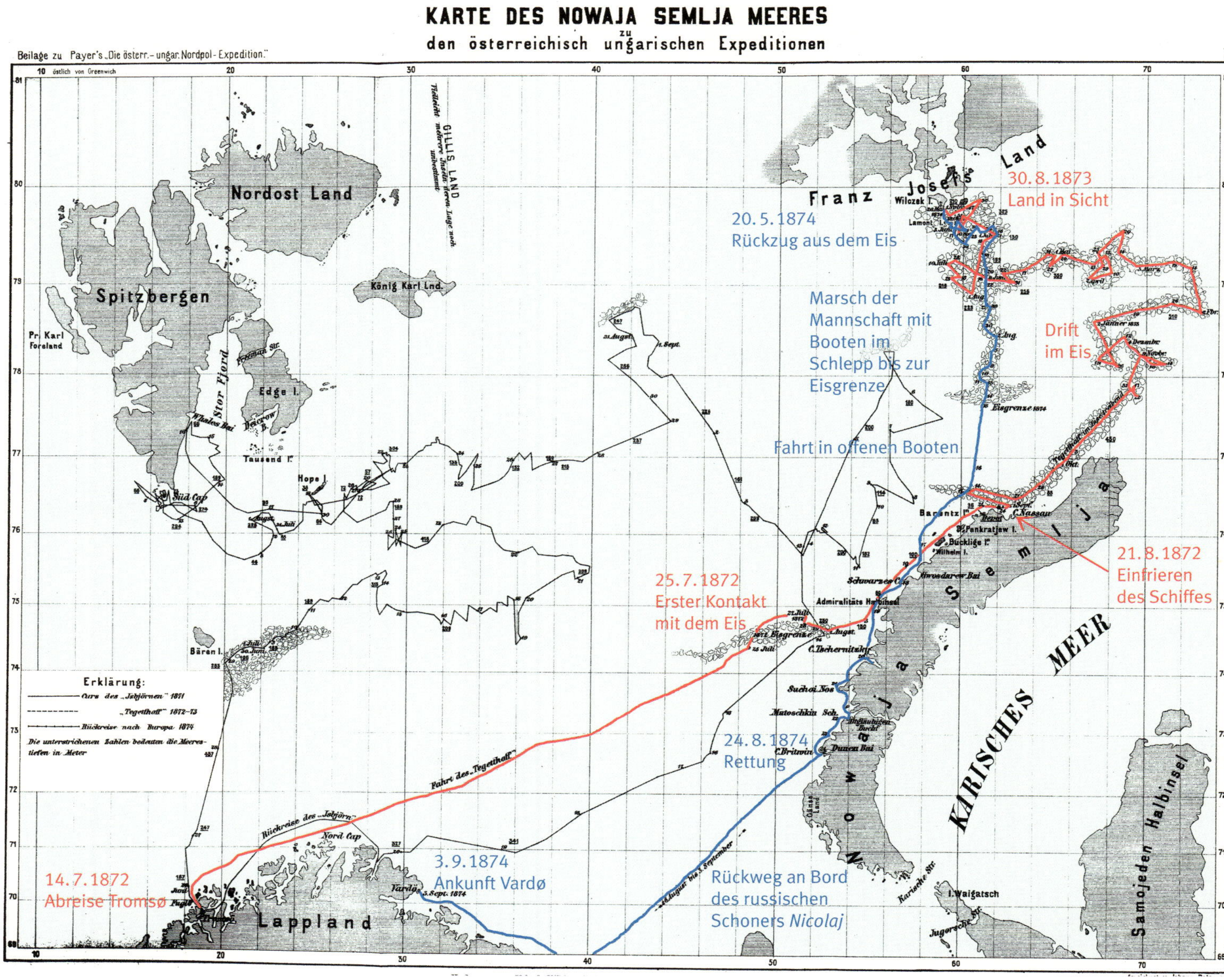

Historische Karte aus dem Band von Julius Payer: *Die österreichisch-ungarische Nordpol-Expedition in den Jahren 1872–1874, Wien 1876*. Die Route der Hinreise der Expedition ist rot, die Rückreise blau markiert.

Zu den Fotografien

Die Aufnahmen in diesem Buch sind mit der ROLLEIFLEX 6008 und mit der LINHOF TECHNO-RAMA analog auf Ektachrome E 100 VS Film aufgenommen. Mit beiden Kameras habe ich aus dem offenen Helikopter heraus fotografiert, ebenso vom Schlauchboot und auf den Inseln vom festen Holzstativ aus dem Hause Berlebach. Holz ist in der Kälte immer angenehmer als Metall. Nie gab es unterwegs technische Probleme.

Dank

Im Alleingang hätte dieses Buch nie entstehen können, mit Rucksack und Zelt kann man nicht zum Kaiser-Franz-Joseph-Land reisen. Ganz herzlich danke ich deshalb Nikolai Saveliev und Alexey Mironov für die großzügige Einladung auf den Eisbrecher *Kapitan Dranitsyn*. An Bord hat sich eine tiefe Freundschaft zu Victor Boyarsky und Maxim Chernyshev entwickelt. Ohne diese Freundschaft, den gegenseitigen Respekt und das daraus resultierende Vertrauen wäre meine fotografische Arbeit vor Ort gar nicht möglich gewesen. Dafür danke ich. Ich danke aber auch allen Staff- und Crewmitgliedern für ihr Verständnis und ihre Hilfe.

Ikarus Tours und Norden Tours in Deutschland danke ich für große Unterstützung und Hilfestellung bei Flug- und Hotelbuchungen sowie für die gute Zusammenarbeit in allen Fragen zum Thema Kaiser-Franz-Joseph-Land.

Peter von Sassen danke ich für die spontane Bereitschaft, an diesem Buch mitzuarbeiten, und dafür, dass aus einem kollegialen Miteinander Freundschaft entstanden ist.

Last but not least danke ich meiner lieben Frau Renate, die mit mir zusammen alle Kontinente bereist hat, allerdings noch nicht das Kaiser-Franz-Joseph-Land. Vor allem danke ich ihr für den unermüdlichen Dauereinsatz, den sie leistet, wenn ich wieder einmal dringend Hilfe am Computer brauche. *Helfried Weyer*

Auch ich möchte mich bedanken – zunächst bei Helfried und Renate Weyer, die mich vorbehaltlos in ihr Team aufgenommen haben und mir nie das Gefühl gaben, nur Gast zu sein. Es war eine intensive, wunderbare Zeit, und dieses schöne Buch ist das Ergebnis einer echten Zusammenarbeit – aus der mittlerweile eine Freundschaft entstanden ist.

Außerdem geht mein Dank an den Lektor des Nicolai Verlages, Diethelm Kaiser, der es mit seinem Einfühlungsvermögen geschafft hat, mehr als nur ein »Kontrolleur« meiner Texte zu sein.

Und ich danke meiner Frau Sandrine, die viele ihrer eigenen Belange zurückgestellt und mir dadurch die Möglichkeit gegeben hat, die Welt des Kaiser-Franz-Joseph-Landes noch einmal in der Realität und dann in meiner Phantasie zu durchstreifen. *Peter von Sassen*

Literatur

Adolf Achtsnit, Willibald Meischl, Michael Wenzel: Polarschiff Admiral Tegetthoff: die österreichisch-ungarische Polarexpedition 1872-74, Wien 1997

Jürgen F. Boden und Günter Myrell (Hg.): Im Bannkreis des Nordens. Auf den Spuren der Entdecker in die faszinierenden Welten des Polarkreises, Oststeinbek 1999

Die Schrecken des Eises und der Finsternis. Österreich und die Arktis. Katalog zur Sonderausstellung im Heeresgeschichtlichen Museum Wien, Wien 1996

Bernhard Edmaier, Angelika Jung-Hüttl: Eisige Welten. Im Kosmos der Minusgrade, München 1996

Ernst Jünger, Reisetagebücher (Sämtliche Werke, Bd. 6), Stuttgart 1982

Theodor Lerner: Polarfahrer. Im Banne der Arktis. Hg. von Frank Berger, Zürich 2005

Fridtjof Nansen: In Nacht und Eis, Band 1 u. 2, Leipzig 1922

Charles Officer, Jake Page: Die Entdeckung der Arktis, Berlin 2004

Österreichische Geographische Gesellschaft (Hg.): 100 Jahre Franz Josefs-Land. Katalog zur Ausstellung im Prunksaal der Österreichischen Nationalbibliothek Wien 1973

Julius Payer: Die österreichisch-ungarische Nordpol-Expedition in den Jahren 1872–1874, Wien 1876

Julius Payer: Die Entdeckung von Kaiser Franz Joseph-Land. Hg. von Detlef Brennecke, Lenningen 2004

N. W. Pinegin: Aufzeichnungen eines Polarforschers, Leipzig 1954

Christoph Ransmayr: Die Schrecken des Eises und der Finsternis, Frankfurt a. M. 1987

Günther Schefbeck: Die österreichisch-ungarische Nordpolexpedition unter Weyprecht und Payer 1872–1874. Publikation des Heeresgeschichtlichen Museums Wien, Wien 1996

Heinz Straub: Die Entdeckung des Franz-Joseph-Landes: K. u. K. Offiziere als Polarforscher, Graz 1990

Andreas Umbreit: Spitzbergen mit Franz-Joseph-Land und Jan Mayen, Welver 2002

Adressen:

Deutschland:

Weyer Foto Flug
Eckdahl 38
21614 Buxtehude
Tel.: 04161 71 30 25
Fax: 04161 71 30 26
Email: weyer@helfried-weyer.de
www.helfried-weyer.de

Norden Tours GmbH
Kleine Johannisstraße 10
20457 Hamburg
Tel.: 040 37 70 22 70
Fax: 040 37 50 11 16
Email: info@norden-tours.de
www.norden-tours.de

Ikarus Tours GmbH
Am Kaltenborn 49-51
61462 Königstein
Tel.: 06174 29020
Fax: 06174 22952
Email:central@ikarus.com
www.ikarus.com

Österreich:

CLUB 50
Praterstraße 38
A-1020 Wien
Tel. 0043 1 218 63 5024
Fax: 0043 1 218 63 5010
Email: monika.unger@club50.at
www.club50.at

Kneissl Touristik GmbH
Linzer Straße 4-6
A-4650 Lambach
Tel.: 0043 7245 20 70 06 0
Fax: 0043 7245 20 80 0
Email: zentrale@kneissltouristik.at
www.kneissltouristik.at

Schweiz:

Polar News
Heiner und Rosamaria Kubny
Ackersteinstraße 20
CH-8049 Zürich
Tel. 0041 1 342 36 60
Fax: 0041 1 342 36 61
Email: kubny@aol.com
www.kubny.ch

Russland:

Poseidon Arctic Voyages Ltd.
2. Smolensky per.
1/4, office 12
12 10 99 Moscow
Russia
Tel.: 007 495 933 0253
Tel.: 0044 870 068 9142
Fax: 0044 870 068 8265
arctic@northpolevoyages.com
www.northpolevoyages.com